Toda Palavra Tem Poder

Ative sua Linguagem e
Conecte sua Vida

Yvonne Oswald, Ph. D.,
MHT, MNLP, MTLN™

Toda Palavra Tem Poder

Ative sua Linguagem e
Conecte sua Vida

Tradução:
Getulio Schanoski

MADRAS®

Publicado originalmente em inglês sob o título *Every Word Has Power*, por Atria Paperback e Beyond Words.
© 2018, Yvonne Oswald.
Todos os direitos reservados.
Publicado por um acordo entre os editores originais, Atria Paperback e BeyondWords, uma divisão da Simon & Schuster Inc.
Direitos de edição e tradução para o Brasil.
Tradução autorizada do inglês.
© 2021, Madras Editora Ltda.

Editor:
Wagner Veneziani Costa (*in memoriam*)

Produção e Capa:
Equipe Técnica Madras

Tradução:
Getulio Schanoski

Revisão da Tradução:
Rosalia Munhoz

Revisão:
Jerônimo Feitosa
Arlete Genari

Dados Internacionais de Catalogação na Publicação (CIP)
(Câmara Brasileira do Livro, SP, Brasil)

Oswald, Yvonne
Toda palavra tem poder: ative sua linguagem e conecte sua vida/Yvonne Oswald; tradução Getulio Schanoski. – São Paulo: Madras, 2021.
Título original: Every word has power: switch on your language and turn on your life

ISBN 978-85-370-1228-4

1. Autoajuda 2. Autoestima 3. Automotivação 4. Comunicação oral 5. Conduta de vida 6. Relações interpessoais 7. Transformação pessoal I. Título.

19-30361   CDD-158.1

Índices para catálogo sistemático:
1. Linguagem: Autoajuda: Psicologia aplicada   158.1
Cibele Maria Dias – Bibliotecária – CRB-8/9427

É proibida a reprodução total ou parcial desta obra, de qualquer forma ou por qualquer meio eletrônico, mecânico, inclusive por meio de processos xerográficos, incluindo ainda o uso da internet, sem a permissão expressa da Madras Editora, na pessoa de seu editor (Lei nº 9.610, de 19/2/1998).

Todos os direitos desta edição, em língua portuguesa, reservados pela

MADRAS EDITORA LTDA.
Rua Paulo Gonçalves, 88 — Santana
CEP: 02403-020 — São Paulo/SP
Caixa Postal 12183 — CEP: 02013-970
Tel.: (11) 2281-5555 — (11) 98128-7754
www.madras.com.br

Mais Elogios e Histórias de Sucesso Pessoal para o livro *Toda Palavra Tem Poder*, de Yvonne Oswald

"Em *Toda Palavra Tem Poder*, Yvonne Oswald nos diz: 'o verdadeiro sucesso acontece quando estamos satisfeitos com nós mesmos, com aquilo que fazemos e com o que temos'. Este livro o ajudará a chegar lá."
Ric Giardina, autor de *Becoming a Life Balance Master*, criador de The Spirit Employed Company

"Domine as palavras e direcione sua vida. Domine os pensamentos e direcione seu destino! Aumente as chances de seu sucesso pessoal com *Toda Palavra Tem Poder*. Yvonne responde a questões que você nem sabia que devia perguntar!"
Marcia Martin, Licenciada, Seminários do Poder da Fala, instrutora transformacional

---

Yvonne Oswald, vencedora do prêmio "*Most Unique Contribution to the field of Hypnotherapy and Personal Growth*" de 2007, concedido pela *Association of Transpersonal Hypnotherapists*

"*Toda Palavra Tem Poder* é uma leitura obrigatória para todos os que trabalham com a Lei da Atração. É sem dúvida O manual que irá lhe ensinar como fazer uso das leis para criar aquilo que deseja. O guia apresenta maneiras fáceis, simples e práticas de como ampliar suas vibrações. Vou recomendar este livro a todos os meus clientes!"

Christy Whitman, autora de livros de sucesso, palestrante profissional e instrutora certificada da Lei da Atração

"Mudar minhas palavras de forma consciente, mudou toda a minha atitude e as de meus clientes. Tenho sido testemunha de resultados milagrosos em casos de depressão, além de incríveis poderes de cura ao convidar clientes a 'alterar' suas palavras. As mudanças relevantes que observo diariamente em minha prática de trabalho são que alcanço resultados muito mais rápidos e as pessoas parecem estar muito mais otimistas."

Dr. Ebi Taebi, médico naturopático e especialista do câncer, doenças crônicas e depressão

"Yvonne Oswald é uma professora e terapeuta brilhante. Recomendo este livro a todos... uma leitura verdadeiramente transformadora."

Colette Baron-Reid, autora de sucesso de *Remembering the Future: The Path to Recovering Intuition*

"Tornar-me consciente de minha linguagem transformou minha vida de maneiras inesperadas. Esse novo hábito me mostrou que pontos preciso curar. Aprendi que todos os pensamentos desagradáveis que tinha carregavam consigo sentimentos desagradáveis correspondentes. Quando passei a mudar meus pensamentos de modo consciente, meus sentimentos em relação ao meu marido se tornaram mais carinhosos e compreensivos. Era como se meu coração estivesse se expandindo e passei a olhar para ele com mais compaixão. Nossas interações se tornaram mais positivas porque ele também passou a utilizar essas mesmas ferramentas. Fico feliz em dizer que nos apaixonamos novamente."

Dra. Carrie Bailey. Ph. D., psicóloga, *Connect Department, Canadian Hearing Society*

"Transformar palavras como 'problema' e 'ruim' em oportunidades... tem me ajudado a transformar meu jeito de falar e minha forma de pensar! Obrigado, Yvonne! Ao me tornar consciente de meus próprios padrões de linguagem e mudá-los, tenho encarado a vida com muito mais facilidade, além de ver minha prosperidade aumentar, chegando ao ponto de conseguir dar uma entrada em uma casa que já estou quase conseguindo quitar, antes mesmo dos acabamentos finais da obra."

Elaine Charal, grafóloga e analista da escrita

"Este livro me mostrou de maneira bastante simples e fácil a entender como os padrões de minha própria linguagem interna e externa estavam, na verdade, dando rumo à minha vida. O primeiro passo para minha transformação de vida bem-sucedida aconteceu quando tomei consciência da frequência com que escolhia palavras negativas no meu linguajar diário. Com muita prática e paciência, essa mudança simples e positiva em meu vocabulário melhorou de maneira significativa minha vida familiar – com meus filhos e meu marido – além de acelerar minhas relações de negócios e de vendas."

Rose-Anne Kumpunen, proprietária do site
www.RealLifeChanges.com

"Eu me considerava uma pessoa bastante positiva até que li o livro [de Yvonne] e percebi o quanto meus padrões de pensamentos negativos vinham afetando todos os aspectos de meu dia a dia. Mudar não é fácil, mas graças a esse livro, tenho hoje ferramentas que me permitem realizar mudanças mais positivas e benéficas para minha vida. Comprei uma cópia do livro para cada um de meus amigos e parentes! Obrigado, Yvonne."

Ann Singer, pesquisadora de mercado

"As coisas não iam bem entre uma colega e eu – tanto que comecei a ficar doente fisicamente... em consequência de todas as emoções envolvidas. Precisávamos conversar. Exatamente quando tudo parecia mais terrível, lembrei que focar nos aspectos negativos fazia eu ter mais do mesmo. Assim que acessei a força do inconsciente e alterei meu jeito próprio de falar, a situação mudou por completo. O uso de palavras de alta vibração me permitiu estabelecer um diálogo produtivo, do qual nós duas nos beneficiamos."

Carol-Ann Hamilton, instrutora corporativa e *coach* pessoal

Agradecimentos Especiais

Este livro é dedicado com amor e gratidão aos dois amores de minha vida – Will, meu marido, e Katie, minha filha – por todo seu apoio e inspiração.

Agradecimento especial a:

Cynthia Black e Richard Cohn, meus editores, por sua visão e por acreditarem em mim, Julie Clayton, minha redatora, por sua incrível empatia e habilidades; Lane Pierce por seu entusiasmo e generosidade; Robert Doyle, por sua mente e suas percepções brilhantes; e Carrie Bailey e Colette Baron-Reid, que têm minha admiração por sua paixão pela vida.

Minha família:

Mãe Ruth e irmãs Jen, Val, Treena, e Ann por sempre estarem ao meu lado.

Graças a:

Elaine Charal e Sheena Gaidy por seus anos de lealdade e assistência, e a você, guerreiro da luz, que está comigo neste caminho.

Nota do Editor Internacional:

As informações contidas neste livro são de cunho educativo e não para diagnósticos, prescrições médicas ou de tratamentos de quaisquer transtornos de saúde. Essas informações não devem substituir consultas com profissionais capacitados das áreas de saúde. O conteúdo deste livro deve ser usado como um aliado a um programa de cuidados de saúde racionais e responsáveis prescrito por um clínico profissional. A autora e o editor não são, de modo algum, responsáveis pelo mau uso do material.

Índice

Prefácio 13
Introdução 14
1: O Poder das Decisões Claras 20
2: O Poder da Autoestima 44
    Magia da Mente Um 58
    Magia da Mente Dois 59
3: O Poder da Consciência 64
    Magia da Mente Três 88
4: O Poder do Foco e da Intenção 91
    Magia da Mente Quatro 104
    Magia da Mente Cinco 105
5: O Poder do Desapego 114
    Magia da Mente Seis 120
    Magia da Mente Sete 123
    Magia da Mente Oito 131
6: O Poder da Comunicação e da Compreensão 138
    Magia da Mente Nove 143
7: O Poder dos Relacionamentos 156
    Magia da Mente Dez 162
8: O Poder da Conexão Espiritual 172

9: O Poder de Mudar o Mundo 180
    Um Recado de Yvonne 190
Apêndice 192
Leituras Adicionais 199

Prefácio

Suas Palavras o Libertarão

As palavras que você diz e pensa são seu veículo pessoal na jornada para a felicidade. Elas programam tanto seu destino quanto a velocidade com que você chega lá. As palavras mudam as sequências de seu DNA, recriando o futuro e criando possibilidades quânticas que lhe permitem assumir o controle de seu destino. As palavras e os pensamentos moldam seu caráter. Ocupe seu lugar ao sol e aprenda a traçar a vida de maneira intencional AGORA.

Introdução

O Poder das Palavras

Como você gostaria de poder se livrar de emoções negativas e de crenças limitantes para liberar espaço para o sucesso, em menos de um minuto?

Como você gostaria de ser capaz de acessar estados de alta energia para abrir vastos recursos internos e se conectar com um universo repleto de abundâncias?

Como você gostaria de ampliar seus diálogos com outras pessoas e com seu diálogo interno ao ponto de conseguir atender a todas as suas necessidades com mais facilidade e eficiência?

Tudo isso e mais é possível quando penetramos os reinos desconhecidos de nossas próprias mentes.

Um estudo de Raymond Birdwhistle, de 1970, provou que as palavras que você diz para outras pessoas representam apenas *7%* dos resultados que você obtém de sua comunicação. As palavras você diz a si, entretanto, geram *100%* dos resultados que você obtém ao longo da vida, já que sua própria mente brilhante interpreta e segue as suas instruções.

Você já é um Comunicador Mestre. Quão bem você se comunica depende totalmente da reação que obtém, o que significa que só você é responsável por como a outra pessoa o entende.

Na realidade, seu sucesso, em qualquer área da vida, depende de sua habilidade de se fazer entender.

Os nove capítulos a seguir são extremamente simples, apesar de metamórficos, e irão lhe mostrar como fazer para "ativar" sua linguagem, conduzindo-o a um destino maravilhoso que estará repleto de recompensas: uma melhor comunicação, melhores relacionamentos, mais bem-estar, o alcance de seus desejos mais íntimos e a realização de seus sonhos. Você também aprenderá a diferença entre palavras de baixa e alta energia e como elas impactam sua vida. Todo o conhecimento, amor, sucesso, prosperidade, saúde e felicidade que você merece já lhe pertencem e estão apenas esperando que você use as palavras certas para se conectar com tudo isso.

Vamos explorar algumas informações básicas importantes antes de iniciarmos.

Onde Começou a Comunicação?

O uso de gestos e linguagem corporal é anterior ao da linguagem verbal. Muitos pesquisadores acreditam que essa forma de comunicação começou, pelo menos, há 4 milhões de anos, quando o *bipedismo*, uma característica da linhagem dos hominídeos, libertou as mãos e capacitou a comunicação "expressiva".

Evidência de grupos e de socialização também surgiram por volta dessa época, e a comunicação não verbal emergiu – os acenos, a gesticulação, e assim por diante – que pode ter se desenvolvido como resultado das estruturas sociais mais coesas e cooperativas que estavam surgindo. Um dos benefícios da comunicação não verbal está em sua natureza silenciosa, um excelente mecanismo de defesa quando se estava próximo de predadores. A comunicação não verbal intencional, como a de apontar algo (uma indicação de percepção espacial), não é encontrada em outros primatas e é exatamente o que nos distingue de outras espécies.

De fato, segundo um estudo feito no Instituto Max Planck em 1997, os bebês humanos apontam, automaticamente, várias semanas antes de as palavras faladas surgirem.

O cérebro possui três partes principais: o cérebro reptiliano, o cérebro intermediário ou límbico e o córtex cerebral, a parte do cérebro mais recentemente desenvolvida. O foco do antigo cérebro reptiliano é o dos movimentos físicos e sobrevivência. O cérebro intermediário está principalmente relacionado com nossas emoções: medo, raiva, amor, afeto e comunicação. Ele é chamado de cérebro familiar ou límbico. Esse é o sistema cerebral de grupo que começou a se desenvolver quando passamos a nos socializar. Seus objetivos são de curto prazo e focam, em primeira instância, em questões que envolvem o bem/mal, certo/errado e seu/meu. Ele é habitual, hierárquico e simplista. Não possui a capacidade de visualizar ou crescer porque ele pensa em termos de *polaridades*. A parte mais nova do cérebro é o córtex cerebral. "Nova" é relativo, é claro! Ele só se desenvolveu nos últimos 150 ou 200 mil anos, e foi aqui que a linguagem começou, na forma dos gestos.

Quando falamos hoje, ainda usamos gestos e linguagem corporal para complementar nossa comunicação. De fato, usamos nossa linguagem corporal de modo inconsciente para 55% de toda a comunicação. Basta pedir a alguém para que descreva a aparência de um objeto espiral usando apenas palavras!

A linguagem complexa como conhecemos hoje só surgiu há mais ou menos 65 mil anos. Sua origem pode explicar por que o *Homo sapiens* veio a dominar os neandertais da Europa e o *Homo erectus* do sudeste da Ásia, porque a incrível propriedade da fala que a torna diferente de qualquer outra forma de comunicação é sua capacidade de ser *geradora*. Tribos que desenvolveram a fala complexa foram capazes de imaginar um futuro e, assim, criar um lugar para si nesse futuro. Hoje podemos pensar o passado em retrospecto e pensar o futuro com elegância e velocidade. Somos capazes de fantasiar e imaginar além e fora do espaço e do tempo, o que nos dá infinitas possibilidades que podem ser alcançadas por meio de uma única palavra!

Contudo, a linguagem que usamos agora ainda possui palavras que foram formuladas 65 mil anos atrás para descrever as sensações e emoções que emergiam a partir da maneira polarizada de pensar de nosso cérebro intermediário. Quando alteramos nossa linguagem de modos consciente – as palavras que usamos quando falamos com nós mesmos e com os outros – conseguiremos atualizar nossos padrões neurais para refletirem nossas faculdades mais sofisticadas, criando, então, de forma consciente, um mundo diferente, mais amplo e mais feliz para nós mesmos.

Essencial para a linguagem é a capacidade de compreender e dominar a perspectiva mental dos outros. Neurônios "espelhos" estão ativos quando um macaco ou um humano observa as ações de alguém: muito provavelmente os primórdios neurais do estabelecimento do "vínculo," que lhe ensinarei como usar em detalhes mais adiante neste livro. Até hoje, com exceção dos primatas, a única outra espécie que conhecemos que tem e usa neurônios espelhos são os elefantes, os golfinhos e os papagaios.

Desperte a Magia Dentro de Sua Mente

O neocórtex (do latim, "nova casca" ou "nova pele") forma a camada superior do córtex cerebral e é a parte mais recente do cérebro que se desenvolveu. Os estímulos neocorticais vêm principalmente do lóbulo frontal, que modula a iniciativa, a imaginação e a consciência social. Essa função mais elevada do cérebro é onde começa sua fórmula mágica da felicidade, quando você se conecta com a consciência superior. O uso dessa parte superior do cérebro produz sucesso consistente para sua vida cotidiana. Agora, você pode planejar suas metas e visualizar possibilidades maravilhosas com essa ferramenta mágica. Em vez de usar o cérebro superior para lhe resgatar sempre que se sentir menos feliz é hora de aprender a usá-lo e viver em função dele com uma "faxina geral" em sua linguagem dos antiquados processos de pensamentos de polaridades do cérebro intermediário – indo além do que você sempre pensou ser possível alcançar.

No capítulo cinco, você aprenderá como fazer para eliminar padrões de interferência de emoções de baixa energia e de crenças do passado não apoiadoras, para que você possa aumentar sua habilidade de manifestar seus desejos acessando diretamente o cérebro superior. A integração criativa do córtex cerebral mais recém-desenvolvido com o cérebro límbico mais antigo lhe permitirá acessar todo o sistema.

Ao eliminar padrões de interferências da mente, você estimula o desenvolvimento da consciência superior no córtex cerebral. Você ganha clareza. Experimenta uma sensação contínua de paz interior e de confiança, mesmo quando as coisas não vão tão bem quanto você gostaria.

Na realidade, as coisas passarão por sua vida com muito mais rapidez quando você salta para níveis mais elevados da consciência. Você verá, então, que está sempre em um estado de confiança, sentindo-se empoderado, no controle e mais automotivado. Será capaz de sentir toda a força de seu ser. Passará a amar quem você é e o lugar que ocupa em sua vida, além de se sentir esperançoso em relação ao progresso da humanidade. Conforme aumentam seus níveis de confiança, o mesmo acontece com sua motivação para ajudar outras pessoas a terem sucesso.

Ao usar as ferramentas e o conhecimento oferecidos neste livro, você pode, agora, conectar-se, em uma fração de segundos, a um vasto reservatório de conhecimento e poder, antes inacessíveis, ao eliminar palavras de baixa energia de seus pensamentos e linguagem, e ativar palavras de alta energia.

Palavras de energia baixa acompanham pensamentos e emoções também de baixa energia – em geral crenças e modelos inconscientes (o que significa que não temos percepção subjetiva dos mesmos), crenças e modelos que mantemos para nós e o mundo que nos dão pouco apoio e nos afastam de sermos tão bem-sucedidos quanto gostaríamos de ser. A maioria de nós tem algum grau de diálogo interior de baixa energia, coisas como "Não sou bom o suficiente" ou "Não mereço ser feliz/rico" e essa energia ruim se espalha por toda nossa comunicação com os outros. Ela também age como interferência estática interna de modo que desejos e objetivos pareçam menos fáceis de serem atingidos.

Palavras de alta energia acompanham pensamentos dessa natureza e, diferentemente das palavras de baixa energia, podemos praticar o uso de palavras de alta energia até nossos pensamentos e emoções se ajustarem a elas. Assim, nossa vida se torna bem simples e profundamente uma experiência positiva de alta energia com um mínimo de tensão requerida.

A combinação de aprendizado para alterar nosso diálogo interno e externo e remoção de crenças limitadoras e emoções negativas (de baixa energia) envia sinais claros e intencionais à mente que propagam recompensas diretamente de volta para nós. Quando fazemos isso, criamos uma ligação direta com o poder quântico da consciência universal que chamamos de Deus, ou Mente Universal: a consciência pura além de nossos parâmetros conhecidos.

Como você se sentiria se tivesse a habilidade de eliminar todas as emoções negativas dos momentos ruins de sua vida em menos de um minuto e pudesse lembrá-los com a mesma sensação de satisfação quanto dos momentos bons? Como sua vida será melhor quando eu lhe ensinar a usar, com consciência, as palavras de alta energia? Você gostaria de aprender a Magia da Mente – técnicas e exercícios para mudar, instantaneamente, seu estado emocional ou sua disposição mental?

Este livro oferece exercícios fáceis e elegantes que irão ajudá-lo em uma transição suave para assumir o controle de sua vida. O conhecimento melhorado que está para descobrir possui a capacidade de conduzi-lo a uma nova fronteira da tecnologia comportamental humana.

Por mais de 20 anos venho enriquecendo as vidas das pessoas como terapeuta e facilitadora, praticando e ensinando aos outros como melhorar e transformar suas vidas pessoais e carreiras com o poder das palavras. Aqui uso o conhecimento que adquiri ao aconselhar e orientar milhares de pessoas de diferentes estilos de vida para que você também possa descobrir as maneiras específicas para você poder dirigir seu destino.

Você aprenderá uma abordagem nova e fácil para tomar decisões e desenvolverá, crescerá e despertará todo o seu potencial positivo. Aprenderá a valorizar quem você é e transformará sua autoimagem. Descobrirá novas formas de ampliar sua autoconfiança e liberar emoções e crenças negativas e limitantes, abrindo-o para uma abundância e prosperidade generosas que estão logo ali esperando para serem reivindicadas. Em relacionamentos íntimos, aprenderá a estar mais disposto a aceitar compromissos emocionais mais profundos, e encontrar um novo nível de confiança e abertura em todos os seus encontros com os outros. Você se abrirá mais para tirar vantagem de novas oportunidades assim que entender que pode realizar tudo o que se dispuser a fazer. Você ganhará impulso e fará progresso real enquanto aprende a direcionar toda sua paixão e energia de formas divertidas e inspiradoras com resultados rápidos e tangíveis. Para tirar proveito de todas as ferramentas incríveis apresentadas neste livro, pode querer começar por ter um caderno e uma caneta à mão para anotar e fazer os exercícios fáceis na medida em que avança por cada capítulo.

Você já está pronto para ativar seu poder com as palavras? Então, junte-se a mim nessa jornada pioneira e inspiradora. Venha e aprenda a falar e a pensar em seu futuro brilhante transformado em realidade, uma palavra e um pensamento por vez.

Dê vida às suas palavras e elas LHE trarão vida, amor e sucesso.

1

O Poder das Decisões Claras

Faça-se presente à vida, porque a vida é um presente.

Escolhas e Mudanças Trazem Liberdade

Você pode mudar de ideia com a velocidade do pensamento. Sua mente inconsciente é capaz de criar mudanças mais rápido do que você já imaginou ser possível. A verdade é que a "realidade" é apenas sua percepção do que você acredita ser real. Ontem você acreditou que hoje seria amanhã. Amanhã você acreditará que hoje foi ontem. Quando tinha 6 anos de idade, você acreditava que tinha 6 anos de idade. Um dia foi seu aniversário e, no dia seguinte, você acreditou que tinha 7 anos de idade. Você simplesmente vê, ouve, sente, pensa e acredita naquilo em que foca. Você possui o conhecimento e a sabedoria da eternidade em cada célula de seu corpo.

O processo de tomar novas decisões tem tudo a ver com corrigir pensamentos datados e... mudar de ideia. É sua mente consciente que faz escolhas e toma decisões. A mudança interior acontece em nível inconsciente e é instantânea. Você pode ouvir pessoas dizerem que demoraram um ano para pararem de fumar. Talvez tenha levado um ano para tomar a *decisão* de abandonar um velho hábito, no entanto, essa pessoa não demorou mais de um segundo para realmente parar de fumar.

Muitas pessoas me dizem que não acham fácil tomar decisões. Consideremos o seguinte cenário: se você fica acordado por 16 ou

17 horas por dia e faz só uma escolha a cada minuto (o que comer, o que pensar, o que dizer, como respirar, quais movimentos corporais você pode fazer, que exercício fazer, aonde ir em seguida, com quem conversar), você, de forma consciente, toma pelo menos mil decisões a cada dia. Sendo assim, podemos concluir que você já sabe como decidir em uma base regular. Como você chega a conclusões sobre decisões mais importantes?

Permita-me mostrar como pode ser simples. Você já está pronto, com seu caderno para registrar seu progresso em busca de um futuro mais brilhante?

Tomada de Decisões Fácil: De Um a Dez

A tomada de decisões usando Um a Dez é uma forma de cinesiologia aplicada. A cinesiologia é um método para testar os estímulos de reações musculares de seu corpo e foi bem estabelecido e corroborado cientificamente há mais de 20 anos. A partir das pesquisas originais do Dr. George Goodheart, o Dr. John Diamond estudou e demonstrou o fato de que os músculos reagem tanto a estímulos físicos quanto mentais. Sua conexão mente/corpo possui um mecanismo de sobrevivência tão poderoso que seus músculos reagem de modo imediato a verdades e não verdades, a tudo que é bom para você e a tudo que não é também. Esse é um método rápido, fácil e confiável que estimulará em você a confiança de seu próprio julgamento, ajudando-o a tomar decisões rápidas e confiantes. Sua percepção sensorial aumentará de modo exponencial quanto mais você usar o método, permitindo-lhe calibrar sua vida em uma base diária. Você pode repensar suas futuras estratégias usando essa nova ferramenta.

Dois meses depois do nascimento de minha filha Katie, meus hormônios estavam muito elevados e não funcionavam bem. Passei de uma mulher perfeitamente capaz a uma pessoa que mal conseguia dar conta de suas tarefas do dia a dia. Às vezes, nem mesmo delas.

Um dia, meu marido Will me pediu para procurar um número de telefone e minha resposta foi: "não consigo fazer isso hoje". Eu não estava brincando. Meu dia estava mapeado em pequenos passos, para me permitir lidar e procurar um número de telefone parecia uma tarefa imensa. Tomar decisões era ainda mais interessante. Descobri que não podia priorizar. No dia em que descobri meu método de Um a Dez, contratei uma babá pela primeira vez, para ter um descanso de duas horas de minhas funções de mãe. Eu não conseguia decidir se ia fazer compras ou nadar. Vinte minutos se passaram e eu continuava ali sentada no sofá me perguntando: "compras ou piscina?" Compras ou piscina?"

Por fim, em um estalo, pensei: "Certo, Yvonne. Escolha um número entre um e dez (sendo 1 um número baixo e 10 um número alto): o que me proporcionaria mais prazer, fazer compras ou nadar?" A resposta: "Nadar – sete; compras – quatro. Ótimo, escolhi nadar!" Aquele dia na piscina foi um dos melhores de minha vida.

Comecei a aplicar o método a decisões simples, como por exemplo, o que comer no café da manhã: "Torradas – sete; cereais – dois. Então, torradas". Descobri que essa abordagem funcionava para tudo, tanto que fui capaz de aplicá-la para decisões mais importantes.

O seu eu interior, sua mente inconsciente, que é de onde vêm essas respostas, "sabe" muito mais que sua mente consciente, o estado do universo quando se trata de suas necessidades (não seus desejos), pois sabe o que mais lhe interessa no fundo de seu coração. Esse eu, juntamente com cada uma das 50 a 100 trilhões de células de seu corpo, está ouvindo ansiosamente suas instruções neste exato momento.

Você pode testar o método para descobrir o quanto está em contato com seu eu interior apenas declarando coisas verdadeiras ou não e se perguntando qual número, entre um e dez, surge. Assim, para mim, "Meu nome é Jim: zero de dez. Meu nome é Yvonne: dez de dez".

Aplique o modelo Um a Dez de tomada de decisões para decisões simples de seu cotidiano para começar, por exemplo: "O quanto é bom para mim comer macarrão hoje à noite?" Quanto mais rápido conseguir chegar a uma resposta, mais confiável ela será. A única coisa a lembrar: *Se o número a que chegar for cinco ou abaixo disso, a resposta é NÃO.*

"Quanto é bom para mim...?" é uma pergunta muito melhor do que "Será que eu *quero*...?" Sim, talvez você queira se casar com o Jim (ou com a Mary), mas será que isso seria *bom* para você? Essa pode ser uma questão totalmente diferente. *Como* você faz a pergunta é extremamente importante para a tomada de decisões claras.

Ao perguntar "O quanto Jim é bom para mim no momento?", talvez a resposta seja um sete, o que significa que ele talvez esteja lhe ensinando algo muito relevante (mesmo que essa lição não esteja lhe fazendo feliz), ou que ele seja realmente bom para você agora. Ao perguntar "Quanto o Jim será bom para mim em cinco anos?", sua resposta talvez caia para um quatro, o que significa que não é uma questão de *se*, mas de *quando* a relação irá terminar, portanto, então, ela não está levando a lugar algum. Verifique todas as suas amizades com esse método. Você pode chegar a resultados interessantes.

Faça-se essa pergunta: "O quanto meu emprego é bom para mim agora?" Se sua resposta for cinco ou abaixo disso, comece a procurar outro emprego agora mesmo porque já passou da hora de ir embora!

Ainda não confia em sua intuição? Use esse método todos os dias durante um mês para coisas pequenas, por exemplo: "O que meu corpo *precisa* comer no almoço?"

Outra maneira para iniciar suas perguntas é: "Quais as chances de...?" Acho essa frase bastante útil para tomadas de decisões financeiras. Por exemplo, "Quais as chances de eu ganhar dinheiro com esse novo negócio?"

"O quanto é bom..." também pode ser alterado para: "Quão boa essa mudança de carreira será para mim do ponto de vista financeiro/emocional/físico/mental?" Às vezes, você pode chegar a respostas como dois e oito ao mesmo tempo. Se isso acontecer, inverta a pergunta: "Quão bom é para mim tirar férias?". Resposta: dois e oito (dois porque, talvez, você esteja ocupado demais no momento para aproveitar uma viagem e oito porque você realmente precisa de um descanso!). "Quão bom é para mim *não* tirar férias?" Resposta: dois de dez. Planeje as férias para o final desse seu período atarefado e aproveite a viagem! O motivo de sua mente se sobrepor ao elemento "não" dessa frase é que a explosão de energia negativa relevante produzida pela ideia de ficar e trabalhar, em oposição a tirar as férias, faz a mente inconsciente buscar uma alternativa saudável. A diretriz primordial da mente inconsciente é a de nos manter vivos e saudáveis e, para tanto, ela irá se sobrepor a cada oportunidade que tiver.

Divirta-se enquanto aprende a confiar em sua capacidade inata de tomar decisões. Após apenas uma semana, você estará muito mais em contato com o que seu corpo, mente e espírito precisam para permanecer em equilíbrio e seus instintos naturais irão melhorar.

Já Chegamos Lá?

Agora que você sabe como tomar decisões com maior facilidade, o que, exatamente, você pode mudar para "ativar" sua vida? Seja lá o que não estiver funcionando bem para você pode ser mudado. Você tem todas as respostas dentro de sua mente. Você tem uma solução para cada uma de suas perguntas, porque sua mente interior está programada para buscar pela totalidade e bem-estar. Sendo assim, o que exatamente você precisa para se sentir feliz e livre?

Há muitos anos, quando comecei a aconselhar pessoas, sentia que havia centenas de questões sobre escolhas da vida. Um dia, decidi sentar-me e fazer uma lista delas. Fiquei surpresa com tão poucas eram, na verdade. Aqui está a lista que compilei: Nascimento; Carreira; Criatividade; Morte; Família (pais, filhos, irmãos); Diversão; Saúde (física, mental, emocional, espiritual); Lar; o Propósito da Vida; Dinheiro; Relacionamentos (parceiro/esposo, amigos, colegas); Autoimagem; Crescimento Pessoal e Viagens.

Não há muito mais do que isso. O que percebi, entretanto, é que muitas dessas escolhas de vida não precisam serem mudadas, de fato, mesmo quando elas não vão ao encontro de nossos desejos. Apenas exigem mais conhecimento ou uma mudança de perspectiva. Não podemos, por exemplo, mudar nossa família. Só podemos mudar a nós mesmos e nossa reação em relação a nossa família.

O que *podemos* mudar com mais facilidade irá nos fazer atingir equilíbrio, harmonia e autonomia, acendendo a paixão, resultando em uma vida de alegria e realizações. A flexibilidade – a habilidade de escolher como reagir aos acontecimentos de nossas vidas – revela as melhores escolhas para uma tomada de decisões mais clara.

Antes de poder começar a determinar metas para si, realize mudanças fundamentais e abra novas possibilidades para seu futuro; é bastante útil saber o nível de equilíbrio de sua vida, agora. Para que possa determinar isso, use a tabela da página seguinte. Na primeira coluna, considerando o quanto você se sente bem e feliz, avalie seu nível de satisfação referente a cada área de sua vida de 0 a 100%. Você pode querer expandir algumas categorias como eu fiz na área dos "Relacionamentos". Por exemplo, "Dinheiro" pode ser dividido em investimentos e rendimento do trabalho.

Se você colocou 80% ou mais em cada uma das áreas chaves de sua vida na coluna de Estar Bem/Feliz, esse é o ideal. Se esse fosse um balancete de negócios, 50% significaria que você está trabalhando demais por quase nada! Menos de 50% mostra claramente que uma atenção imediata deve ser dada à questão – não uma ação, obrigatoriamente, mas, atenção. O normal seria tentar ativar essa área-chave de porcentagem baixa, já que ela representa o aspecto que, metaforicamente, está oscilando demais, exigindo, portanto, mais atenção.

Retrato da Avaliação de Sua Felicidade

Área-chave	% de Estar Bem/Feliz (0 a 100%)	Área Mais Fácil para Mudar (verificar)	Ação Específica (dentro de 24 horas)
Saúde: Física			
Mental			
Emocional			
Espiritual			
Autoestima			
Relacionamento			
Parceiro/Esposo			
Família			
Amigos			
Diversão			
Criatividade			
Aprendizado			
Dinheiro			
Carreira			
Lar			
Felicidade Geral			

No entanto, pense no que acontece quando você foca em tentar (sim, usei essa palavra intencionalmente) lembrar o nome de alguém que está na ponta da língua. Assim que desvia sua atenção para outra coisa, sua mente inconsciente fica livre para divagar e recuperar a informação, e o nome surge em sua mente com facilidade. Sendo assim, por enquanto, apenas observe a área de energia mais baixa, apenas com interesse e sem pensar focar ou agir.

Em seguida, explorando mais suas respostas na primeira coluna, eu gostaria que você circulasse as áreas-chaves com menos de 50%. Em geral, se uma dessas áreas tem percentual abaixo de 50, então, os aspectos de diversão e criatividade também estão baixos, porque um desequilíbrio grande tende a manifestar emoções negativas enquanto sua mente tenta lhe enviar uma mensagem para que assuma o controle de sua vida.

Na coluna seguinte, assinale duas ou três áreas nas quais você pode atuar com maior *facilidade*, de modo mais imediato. Dentre as áreas assinaladas, escreva algo mínimo na última coluna que você possa fazer em um período de 24 horas para começar a criar movimento. Por exemplo, se o dinheiro não vai bem agora, talvez você possa telefonar a um amigo e convidá-lo para sair (contanto que isso não custe muito caro). Ou você pode sair para fazer uma caminhada ou ler um bom livro. Se seu relacionamento estiver com a porcentagem mais baixa, chame seu parceiro para sair à noite ou faça um elogio a ele/ela. Saia para jogar boliche ou dançar. Atividades físicas estimulam mudanças no nível do quantum e irão liberar endorfinas que lhe farão se sentir bem. Você está, com efeito, se recompensando. Há uma lista de recompensas no capítulo 2 para que você pense em algumas outras ideias.

Se ainda não tem certeza sobre por onde começar, a categoria "diversão" é a área mais fácil para iniciar. Seu objetivo primário é imediatismo. Quanto antes começar a promover mudanças, mais cedo irá se sentir melhor. Uma pequena mudança em qualquer uma das áreas da sua vida ocasionará uma reação em cadeia dando início às mudanças em todas as demais áreas. Comprometa-se em realizar algo agora, vá em frente e comece a ativar sua vida.

Se desejar ativar uma área específica de sua vida neste exato momento, mas as circunstâncias não permitem uma ação imediata, então, o que lhe resta mudar é a percepção que tem dela ou sua crença a seu respeito. Pergunte-se que lição positiva você pode tirar dessa circunstância e decida, então, revisar a categoria em uma data específica – por exemplo, daqui a seis, oito ou doze meses. Na realidade, você deve escrever ou digitar a data em seu calendário e deixar o tempo passar. Você pode, assim, dar toda a atenção àquilo que *pode* mudar com facilidade. Em geral, o que acontece é que, enquanto muda outros aspectos de sua vida, dando chance a novas opções, a situação que parecia ter menores possibilidades de ação, de repente, torna-se muito mais flexível.

Conforme altera seu diálogo interno, torna-se mais autoconsciente e toma novas decisões, você se sentirá mais facilmente capaz de se adaptar e se ajustar com maior rapidez. Sua saúde melhorará porque a intuição, o otimismo e a ação se tornam parte natural e cotidiana de sua vida. A verdadeira saúde vital e um melhor desempenho acontecem quando você está em equilíbrio em todos os níveis: físico, mental, emocional e espiritual. É por meio de seu diálogo interno e imaginação que você pode se orientar para uma vida dinâmica. Sua realidade pode ser tão boa quanto seu coração deseja porque, se você pode imaginá-la, seu inconsciente acredita que ela é real e consegue atraí-la para você.

Recursos Internos

Todo o seu corpo é um instrumento de sensação de energias. Você é, com efeito, como um rádio, capaz de receber centenas de estações. Muitas pessoas passam pela vida acreditando que são apenas uma estação de recepção, sem perceber que também são uma estação de transmissão, capaz de amplificar a energia e mudar o futuro. Fazer sua vida avançar pode ser tão fácil quanto girar o dial ou apertar um botão! Isso significa agir em busca daquilo que deseja, enquanto se livra da estática de palavras negativas, emoções de baixa energia ou crenças limitantes, despertando a energia inexplorada dentro de sua mente, para levá-lo a uma vida de empoderamento.

Empoderamento verdadeiro tem a ver com convocar suas forças e recursos interiores em épocas desafiadoras. Cada nova experiência desenvolve e ativa forças inatas e latentes em você; quanto mais recursos você constrói, mais resiliente se torna. Talvez ainda haja dias em que não se sinta tão bem, mas você irá se recuperar muito mais rápido para ter, estar e fazer muito melhor que antes, enquanto descobre novas estratégias de apoio. Você aprenderá a confiar em sua mente interna para descobrir o que está e o que não está funcionando, conforme se reformula e reconfigura para se impulsionar.

Seu nível de sucesso e crescimento depende de sua habilidade para reconhecer, definir, processar, prever e direcionar informações para um objetivo específico. As escolhas e as decisões que toma se baseiam em seu conhecimento, crenças e sensações subjetivas, que são extraídos de seus resultados e de suas lembranças anteriores. Suas memórias influenciam como vê e influencia outras pessoas. Elas também criam seu futuro, na medida em que tornam seu centro primário de recursos.

James McGaugh, um neurobiólogo da Universidade da Califórnia, Irvine, diz que tudo o que você faz, como ser humano, baseia-se em suas lembranças: todas as suas aspirações, experiências e habilidade de se comunicar. Ele explica que as suas crenças a respeito de si se baseiam em suas memórias e que as lembranças são parte essencial da vida.

O processo – e é um processo – começa com prestar atenção especial a seus pensamentos. Começa com mudar cada palavra que você fala, para que seus pensamentos, linguagem e intenções fiquem claros como cristais. É como nanotecnologia da mente humana.

Mudança Feliz

O que você percebe é em que você acredita. Como você percebe é o que você alcançará..

Sua mente interior (inconsciente) adora aprender e integrar novas ideias, encontrando soluções para apagar e transformar padrões antigos em ações novas e dinâmicas que o leva em direção à felicidade. Você está prestes a aprender como aceitar e relaxar de modo consciente no que não pode ser mudado e mudar aquilo que *pode* logo que fica ciente de que algo não está funcionando bem. Isso o ajudará a tomar decisões claras que, de fato, se baseiam naquilo que lhe dá sustentação.

Seus pensamentos se iniciam como observações, ideias ou símbolos e são traduzidos em palavras por sua mente consciente. As palavras nada mais são do que uma manifestação física e mensurável desses pensamentos. Elas são sua maneira de dar sentido ao que você percebe. As palavras que você pensa ou diz formam, então, uma imagem, uma sensação ou um símbolo em sua mente inconsciente (a "linguagem" da mente inconsciente é não verbal), que sai em busca e lhe traz o que você focar, seja o que for. Ela também armazena e recupera todas as cadeias de significados associadas a cada palavra que você pronuncia e a cada pensamento que tem. Assim, as palavras que usa para se comunicar com sua mente inconsciente (e, portanto, consigo) lhe trazem tanto resultados de alta quanto de baixa energia, dependendo da sensação subjetiva ou símbolo subjacente às palavras de alta ou baixa energia que usa.

Palavras Positivas, Decisões Positivas

O que nos motiva a sermos felizes, ricos ou saudáveis? Você pensa em se livrar de suas dívidas ou em ganhar dinheiro? Você cuida de sua saúde somente quando não está bem ou se cuida o tempo todo? Você nutre as suas relações ou se prende a um relacionamento infeliz porque se sente "confortável"?

Eu estava em uma sessão de terapia sobre prosperidade com Karen. Sempre faço uma pergunta bem simples no início de uma sessão privada. "Por que você está aqui hoje?" É incrível quantas vezes essa pergunta gera uma reação que nunca é o que a pessoa tinha dito, no início, ser o que desejava mudar.

Karen respondeu: "Porque estou cansada de ter *dívidas*."

"Por que mais você está aqui?"

"Porque não quero ser *pobre*."

"Por que mais você está aqui?"

"Porque não quero *acabar nas ruas doente e pobre* quando ficar mais velha. Quero uma *vida melhor*."

Finalmente eu tinha algo positivo para trabalharmos!

"Então, o que você fará quando tiver uma vida melhor?"

"Estarei *livre de estresse*. Não vou mais ser *pobre*."

Se estudar as palavras-chaves que Karen usou em sua fala e, portanto, as palavras-chaves em seus padrões de pensamentos, você pode ver que as palavras estavam concentradas no que ela *não* queria, o que exigiu certo grau de encorajamento para que ela as trocasse para dizer o que ela *queria*. Sendo assim, inconscientemente, por meio de sua linguagem, Karen dirigia sua mente interior para buscar e aumentar seu estado de dívida e ansiedade. Não é de admirar que ela não estava atraindo prosperidade.

Mude Suas Palavras. Mude Seu Mundo

Você se lembra de cada coisa boa que já aconteceu a você? Sua mente inconsciente se lembra, e o lembrará de cada coisa boa focando sua atenção na palavra *"bom"*. Você se sentirá melhor sem nem saber por quê. A razão para isso é que cada palavra-chave tem sua própria frequência individual. Palavras fortes de alta energia, como *excitação, alegria, sucesso* ou *amor*, vibram em frequência mais elevada e mais rápida, aumentando, assim, as suas sensações de "Eu me sinto bem".

Palavras de baixa energia, em especial as palavras que têm uma associação emocional negativa, como *tristeza* ou *culpa*, ressoam em uma frequência mais baixa. Elas fazem você se sentir menos do que bem ao, literalmente, baixarem seus níveis de energia. Na verdade, 20% das palavras que você usa têm subtons emocionais fortes, o que faz com que você reaja de modo negativo ou positivo.

Você sabia que *estar feliz acrescenta nove anos à sua vida*? Foi comprovado cientificamente que pensamentos de baixa energia fazem o sistema imune baixar e deixam as pessoas mais propensas a ficarem doentes. Em um estudo realizado pela BBC News publicado em 2003, pesquisadores da Universidade de Wisconsin mediram a atividade elétrica cerebral de 50 pessoas entre 57 e 60 anos de idade. Aqueles com os níveis mais elevados de atividade no córtex pré-frontal direito (os pessimistas) dificilmente reagiam a uma vacina contra a gripe. Os que tinham atividades mais fortes no córtex pré-frontal esquerdo (as pessoas com pensamentos felizes) tinham sistemas imunes muito mais fortes e produziam muito mais anticorpos como reação à vacina.

Ao fazer uma busca na Internet pela palavra "bom", encontrei mais de 1 bilhão de websites. Quando digitei a palavra "ruim", encontrei menos da metade. Dentro de nossa mente, esses websites representam todas as memórias (desta vida, genética e até de vidas passadas) e cadeias de significados associados às palavras. Isso quer dizer que se focarmos nossa linguagem na palavra *bom*, você receberá duas vezes mais resultados em sua vida do que quando focar na palavra *mau*. A boa notícia é que as palavras de alta energia parecem exibir um campo de domínio sobre palavras de energia baixa, razão pela qual no fim nós revertemos para o otimismo.

Portanto, como podemos descrever algo que seja menos que bom sem usarmos a palavra *ruim*? Você pode ter notado que eu disse *menos que bom*, em vez de ruim. Se pensar em algo *não bom*, não surtirá o mesmo efeito prejudicial ao seu estômago quanto a palavra *ruim*, não é? Isso porque sua mente inconsciente não consegue computar algo que "não" é. Por exemplo, não pense em um elefante branco; não imagine o número 167. Para você "não" pensar ou imaginar algo, você precisa pensar ou imaginar essa coisa antes!

Sua mente interior ou inconsciente pensa em imagens ou símbolos, por isso, estruture sua linguagem para criar imagens em sua mente sobre o que você *quer* que aconteça, ou o que deseja. Como fazer para alinhar seu mundo interno com o externo? *O primeiro passo é mudar seus padrões de discurso interno e externo.* Transforme seus padrões de pensamentos e sua linguagem para atrair a magia do poder criativo e transformador.

Mude!

"Mudar" é a palavra que uso para lembrar de notar que estou usando palavras de baixa energia em vez de palavras de alta energia. É muito divertido termos um "interruptor amigo" para podermos nos lembrar uns aos outros de usarmos palavras de alta energia. Em meus treinamentos e seminários, quase sempre peço aos participantes para fazermos a brincadeira de interruptores amigos em que eles, de fato, ganham pontos se conseguirem pegar alguém usando palavras ruins, sendo que também perdem pontos toda vez que usam uma palavra de baixa energia. Os pontos podem ser recuperados se forem capazes de perceber suas próprias palavras negativas antes que seu parceiro ou alguém do grupo perceba. O simples fato de perceberem de modo consciente as palavras sendo usadas, faz com que mudem de atitude e melhorem seus relacionamentos de forma drástica. Assim que você passa a praticar essa troca de palavras de baixa energia para palavras de alta energia, a prática se torna uma segunda natureza. Para começar, aqui estão algumas frases que foram mudadas:

- "Isso não é ruim" passa a ser "Isso *até que é bom.*"
- "Não tem problema" passa a ser "*O prazer é todo meu.*"
- "Isso é ruim" passa a ser "*Isso não é bom.*"

- "Não se preocupe" passa a ser *"Vai ficar tudo bem."*
- "Esforce-se mais" passa a ser *"Vamos colocar alguma energia nisso."*
- "Isso é muito difícil" passa a ser *"Isso não é fácil."*
- "Estou doente" passa a ser *"Não estou me sentindo bem."*
- "Eu esqueci" passa a ser *"Não me lembrei."*
- "Estou dando duro" passa a ser "Estou fazendo *trabalhando bem.*"
- "Não chore" passa a ser *"Está certo."*

Essa última troca é bastante curiosa porque dá à criança (ou ao adulto) a permissão de se expressar e liberar a emoção, o que é algo importante; você descobrirá o motivo no capítulo 5.

Se considerar que é menos fácil substituir uma palavra de baixa energia como *difícil*, ou *duro*, troque a palavra por *interessante*: "Estou achando isso... *interessante*." Você conseguirá compor muitas frases interessantes saindo de seus lábios logo mais! Outra frase de troca é: "Estou com uma excelente oportunidade para crescer," ou "Estou aprendendo algumas lições agora." Outra palavra bastante útil é *dilema*. "Estou buscando uma solução" funciona muito bem também.

Aqui estão algumas outras dicas de trocas bem-sucedidas. Lembre-se de que você não está trocando só as palavras; você está ativando sua vida!

1. Fale no *presente* como se já tivesse acontecido (e seja realista para que a mente consciente acredite que é possível): "É fácil para mim ter uma relação maravilhosa agora" (em vez de, "Eu *terei* uma relação maravilhosa." A mente inconsciente fica satisfeita em acreditar que uma relação maravilhosa acontecerá em algum momento no futuro, então, não existe necessidade imediata para ela reagir).

2. Sempre que estiver planejando algo que queira que aconteça, inclua uma ligação *saudável*: "Meu novo negócio é um sucesso agora porque com mais dinheiro no banco posso relaxar mais e ser mais saudável". A principal diretriz da mente inconsciente

é a de preservar a saúde e o bem-estar do corpo. (Você lerá mais sobre as mentes consciente e inconsciente no capítulo 3).

3. Use as palavras "porque" e "agora" sempre que puder. A mente consciente gosta da palavra *porque* pois ela responde a pergunta "Por quê?". O inconsciente gosta da palavra *agora* porque é como pressionar a tecla "*enter*" de seu teclado. Ela pula direto para a ação.

4. Exclua o *não* [fazer algo] de suas negociações com outras pessoas. Por exemplo: "Não deixe isso cair no chão" troque por "Segure isso com cuidado".

5. Exclua o *tenho que*, *poderia ter* e *deveria* de seu diálogo consigo mesmo, como em "Eu deveria fazer o meu trabalho agora". Essas palavras implicam em obrigação; qualquer nível de ressentimento é a emoção subjacente. Troque para "Estou pronto para fazer meu trabalho agora".

6. Exclua a palavra "tentar" de seu vocabulário – usamos essa palavra em hipnoterapias para garantir que alguém falhe! "Estou tentando ser bem-sucedido" troque por "Alcanço maior sucesso a cada dia".

7. Exclua o *mas* de seu vocabulário. *Mas* pode implicar em julgamento. Troque-o pelo *e*: Por exemplo: "Você fez um bom trabalho, mas precisa corrigir a ortografia" passa a ser "Você fez um bom trabalho e talvez possa revisar sua ortografia?" O *mas* é também uma palavra que geralmente vem seguida de uma desculpa por não fazer mudanças: "Eu gostaria de fazer exercícios, mas...".

8. Afirme o que *não é* de propósito. Por exemplo: "Isso é muito *difícil*" se torna (pense *mudar!*) "Isso *não é fácil*". Ao pensar *mudar*, automaticamente você vai para uma palavra-chave de alta energia.

9. Faça questão de usar palavras de alta energia de modo consciente como, por exemplo, *gratidão, riso, bondade, amor, abundância, sucesso, felicidade, liberdade, força* e *saúde* em sua fala e pensamentos cotidianos. Escolha uma palavra e depois escreva-a, use-a, aja segundo ela, viva e respire-a o dia inteiro.

Mude! Palavras de Corpo e Nutrição

Você consegue se imaginar magro? Claro que sim! Peça a alguém para ouvi-lo enquanto fala sobre seu corpo ou seus hábitos alimentares, para torná-lo consciente das palavras que usa. Depois, escreva frases de substituição para mudar seu modo de falar e pensar. Leve esse pedaço de papel com você; refira-se a ele e adicione novas frases.

- "Dieta" passa a ser *"plano alimentar"* ou *"plano de nutrição"*.
- "Gordo" se torna *"não magro"*.
- "Comer porcaria" passa a ser *"comida para encher barriga"*.
- "Estou me sentindo culpado por comer tanto" passa a ser *"Que curioso eu ter escolhido chocolate. De que outra forma posso me alimentar hoje?"*.
- "Eu não devia comer tudo isso" passa a ser *"Vou comer só metade disso"*.
- "Eu não devia comer esse bolo" passa a ser *"Tudo bem se eu comer só um pedacinho"*.
- "Eu estava mal hoje" se torna *"Não me saí muito bem hoje./ Vou fazer melhor a partir de agora"*.
- "Estou me sentindo mal" passa a ser *"Estou liberando emoções agora"*.

Fortaleça seus pensamentos para dirigir seu destino. Ative sua vida. Divirta-se buscando palavras ou frases que podem substituir palavras-chaves negativas. Leva pouco tempo para que as trocas passem a funcionar e você possa ir *direto* para o espaço de alta energia sem ir primeiro para o lugar de energia baixa. É quase como aprender uma nova língua. De início, você traduz de uma palavra ou frase para a outra e depois se torna automático. Como você sabe quando ativar o botão? Você saberá quando se sentir feliz (e não mais na defensiva) quando outras pessoas apontarem as suas palavras de baixa energia! Nessa altura, você se aproxima de verdade da mudança de paradigma que limpará sua linguagem e trará mudanças fabulosas em sua vida.

A Mudança Acontece

A mudança é uma constante na vida; você nem é a mesma pessoa de dois minutos atrás. Assim, quando você inicia e dirige bem sua energia, o que acontece quando usa palavras de alta energia, você cria uma força dinâmica que o leva a dar saltos quânticos para o sucesso. A taxa de propulsão para a tomada de decisões claras depende diretamente de cinco coisas:

1. **Intenção Clara**

    Por que você faz o que faz? O que pretende criar? Quanto mais específicas forem suas intenções, melhores resultados conseguirá.

2. **Criatividade e um Plano de Ação Positiva**

    Como pretende fazer o que precisa? O quanto é prático? O quanto você é flexível?

3. **Momento**

    Quando, exatamente, você vai começar e quanto tempo vai precisar?

4. **Emoção Elevada**

    Esse é o ingrediente mágico para acelerar o processo. Ele, na realidade, acompanha as mudanças que estão acontecendo, agindo como gatilhos que despertam diferentes emoções em várias proporções ao longo de sua jornada. Esse elemento mágico torna o processo mais parecido com uma grade do que uma sequência.

5. **Gratidão e Flexibilidade**

    Independentemente dos resultados, comemore quando atingir 80% de seus objetivos. Se você quer comprar e morar em uma casa de três quartos e conseguir guardar dinheiro suficiente para uma casa de dois quartos, comemore o fato de já ter chegado tão longe. Se não conseguir efetuar nenhuma mudança em um determinado aspecto, volte ao passo um e repense sua estratégia.

Que estratégia você tem para fazer escolhas bem-sucedidas que o guiem a decisões corretas? Você usa a mesma estratégia para todas as decisões, ou suas decisões são tomadas seguindo suas intuições e seus instintos? Foi comprovado que as pessoas mais bem-sucedidas na vida tomam decisões de maneira instintiva e agem com rapidez. Pesquisadores da Universidade de Hertfordshire, no Reino Unido, concluíram que grandes realizadores quase sempre agem por instinto com mais eficácia do que outras pessoas. Os instintos ficam mais aguçados quando as mentes consciente e inconsciente trabalham como uma equipe sincronizada.

Transforme-se em Um Bilionário de Pensamentos – Ative sua Mente Bilionária

O impacto emocional das palavras influencia demais a maneira como você se comunica e atrai sucesso. Para cada palavra de baixa energia que você diz ou pensa, o melhor que pode esperar é que as palavras de alta energia que diz ou pensa simplesmente substituam ou se equalizem às palavras de baixa energia. Você até pode se safar se disser ou pensar duas palavras-chaves de baixa energia para cada palavra de alta energia e terminar em um equilíbrio zero. Por outro lado, se, de fato, você trocar palavras de baixa energia por palavras de alta energia, algo inacreditável acontece.

Aqui está um pequeno desafio – encontre as palavras-chaves de baixa energia e as crenças limitantes nesse diálogo:

"Bom dia, John! Como vai?"

"Nada mal. Eu estava muito doente durante as festas de Natal e ainda estou tentando me recuperar. Sempre fico doente nessa época do ano. Fico muito deprimido."

"Coitado! Isso é muito ruim. Você pegou essa gripe que está por toda parte? Dessa vez ela parece bem chata. Todo mundo está ficando doente – parece que ela dura semanas porque você acha que passou e então ela volta. É difícil se livrar dela. Enfim, o livro que você encomendou acaba de chegar. É um pouco caro – 25 dólares, sinto muito!"

"Ah! Estou quase sem dinheiro no momento. Você se importa se pagar pelo livro depois que eu receber na semana que vem, ou posso pagar com cheque pré-datado?"

"Não se preocupe. Sei que está bem difícil agora. A economia está sempre em baixa em janeiro. Pode fazer como for melhor para você."

"Muito obrigado, Linda."

"Sem problema. Até mais tarde."

"Tchau!"

Há pelo menos 18 palavras-chaves de baixa energia nessa conversa (dependendo do *tom* de voz usado, pode haver ainda mais) e duas decisões limitantes (por exemplo, "A economia está sempre em baixa todo janeiro" – não necessariamente uma verdade, mas uma boa desculpa para não controlar bem suas finanças). Há seis palavras de alta energia: *bom, muito, dinheiro, melhor, bem* e *obrigado*. Portanto, temos seis palavras de alta energia para 18 de baixa energia: uma relação de 1:3. Ainda assim, quando joguei essas mesmas palavras na Internet, consegui muito mais websites de palavras de alta energia do que de palavras de baixa energia.

Isso sugere que a influência geral de cada palavra de alta energia é muito superior à de uma palavra de energia baixa. De fato, a palavra "bom" é a de maior impacto. "Difícil" é a palavra de maior peso negativo. Esse é um bom motivo para eliminar a palavra "difícil" de seus padrões linguísticos (use "*não bom*" em seu lugar, para enviar sua mente inconsciente em busca de coisas boas). Outras palavras que devem ser eliminadas de seu padrão de linguagem incluem: *preocupação, desagradável, problema.*

Vamos reformular esse encontro usando somente palavras de alta energia e deixando de lado decisões limitantes.

"Bom dia, John. Você está *bem*?"

"Para falar a verdade, Estou muito *melhor*. Eu não estava *bem* no Natal e por isso decidi ficar mais *saudável* para o Ano-Novo."

"Ótimo! Desejo-lhe *sucesso*. Tenho notícias *excelentes* para você – o livro que você encomendou chegou. Ele custa 25 dólares."

"*Que maravilha*! Posso passar para buscá-lo na semana que vem? Até lá já estarei com *mais* dinheiro!"

"*Claro*! Como *for melhor* para você está *bem*. Até breve."

"*Muitíssimo obrigado*, Linda."

"O *prazer* é todo meu, John."

"Até logo!"

Nessa conversação de alta energia, as palavras de maior impacto, ordenadas do grau mais elevado ao menor, são: *novo, bem* (citada duas vezes), *bom, ótimo, melhor, claro, obrigado, prazer, muito, muitíssimo, sucesso, maravilha, dinheiro, saudável* e *excelente*. O número total de palavras-chaves no primeiro diálogo era 24 (palavras de alta e baixa energia), contra 16 palavras-chaves nessa segunda conversa. No entanto, observe que todas as palavras-chaves do segundo diálogo têm alta energia.

Você obtém acesso exponencial a bilhões de mais resultados de energia elevada apenas alterando de baixo para alto. Essa é uma quantia inacreditável de riqueza escondida em suas palavras. Você é um *bilionário* de pensamentos!

Observe também como a linguagem fica muito mais econômica quando as palavras de baixa energia não estão nela. Palavras-chaves produtivas dão impulso aos seus pensamentos – e, portanto, aos seus resultados – para a frente e para cima, conforme ressoam a uma frequência muito mais elevada, energizando sua vida. Seu sucesso fica no banco, por assim dizer, enquanto sua mente ganha acesso direto ao efeito gerador de um pensamento de energia elevada.

Basta Respirar

A respiração profunda é uma das melhores maneiras de harmonizar a mente e aumentar sua força interior. Apresento aqui um exercício para despertar e expandir sua energia que chamo de "Sete, Sete, Onze."

1. Inspire enquanto conta até sete.
2. Segure o ar enquanto conta até sete.
3. Expire contando até onze.
4. Respire com o corpo todo. Inspire com o ritmo da sala.
5. Expire, soltando as emoções ou ideias não apoiadoras. Respire com o ritmo do campo e do mar. Respire com o ritmo da terra e das estrelas. Respire com o ritmo do próprio universo.
6. Forme um círculo de luz com a respiração, que flui através e ao redor de todo seu ser.
7. Deixe o passado ir enquanto solta o ar, preservando todas as mensagens e lições positivas.
8. Reivindique sua magnificência fabulosa enquanto inspira novamente.

Você pode fazer esse exercício sempre que desejar aumentar sua energia e autoconfiança. Ele funciona particularmente bem de manhã quando você acorda ou à noite antes de dormir, pois nesses momentos você está em maior contato com a mente inconsciente, sendo que a respiração fortalece essa ligação. Você pode, inclusive, tornar isso um hábito de respirar profundamente sempre que estiver parado em um semáforo.

Para desenvolver sua tomada de decisões intuitiva ainda mais, grave o roteiro a seguir e ouça-o enquanto faz o exercício de respirar profundamente:

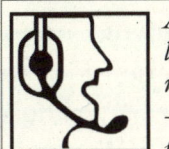

> *A cada respiração, com cada batida de seu coração, você pode... relaxar agora. Respire fundo – e essa respiração profunda faz seus níveis de metabolismo aumentarem, enchendo seu corpo de oxigênio – ao mesmo tempo em que começa a se sentir mais leve agora, despertando os sentidos enquanto começa a buscar a resposta no interior... do corpo. Você vai sentir a mudança no interior de seu ser agora... ou ao acordar?*
>
> *Buscando, rendendo-se à grande sabedoria que existe em sua interioridade, enquanto se descobre lembrando. Qual é a pergunta que lhe permitirá sentir alegria agora ou nos próximos instantes? Direcione sua mente inconsciente para lhe enviar a resposta que irá lhe tornar feliz e livre.*
>
> *Voltando no tempo pelos anos, ao longo de meses, cada vez menor: nove, oito, sete, seis, cinco, quatro, três meses e já está completamente formado. Sete semanas e você já tem o coração batendo. Conforme vai se lembrando, agora, ficando cada vez menor, menor e mais leve, lembrando-se de quando ainda respirava líquido e era alimentado por meio de um cordão ligado ao seu abdômen. Sentindo-se conectado... a um oceano de conhecimento interior. O oceano é composto pelos mesmos 96 elementos que compõe seu corpo agora. Lembre-se de quando ainda vivia e respirava essa água.*
>
> *E descubra-se nesse instante... conforme se aprofunda mais e mais para o interior da fonte: do espaço quântico entre as células, que é pura luz... tornando-se cada vez mais leve, flutuando de volta aos primórdios da existência. Programado a partir do interior, avançando em um processo independente e contínuo de crescimento e desenvolvimento. Você sabe a resposta – sempre soube.*
>
> *Ao despertar, você se sente diferente, como se estivesse mais conectado à fonte de sua inteligência e compreensão da vida. O sucesso está buscando você, ao mesmo tempo que você busca por ele. Peça à sua mente inconsciente para buscar pessoas que possam ajudá-lo em sua busca pela felicidade e trazê-las para sua vida como que por um passe de mágica. O otimismo chega fácil até você. Abra os olhos, sentindo-se feliz e sorrindo sem nenhum motivo, para saudar um novo você.*

Ao direcionar sua mente de volta ao momento anterior ao seu nascimento, você se reconecta com o esquema de perfeição que deu início a esta vida, lembrando-o de sua natureza otimista inata e de sua capacidade inerente de resolver problemas.

Você Está Fixado ou Fluindo?

Agora que está de posse de algumas novas ferramentas de vida, e ainda mais consciente, é hora de mergulhar mais fundo na transformação de sua vida. A responsabilidade da mudança começa por... sim, você acertou... você! A vida lhe traz presentes melhores quando você *inicia* mudanças. Você escolhe ser *re*ativo ou *pro*ativo?

Imagine-se em uma sala vazia, no escuro. Contaram-lhe que existe uma lanterna em algum lugar da sala e que seu trabalho é acender a luz e encontrar a porta para conseguir sair dali. Você:

1. Corre pela sala e grita pedindo ajuda?
2. Ajoelha-se e começa a procurar a lanterna, sistematicamente, até encontrar?
3. Tateia as paredes tentando achar um interruptor?
4. Nem perde tempo procurando a lanterna porque sabe se tatear as paredes encontrará a maçaneta de uma porta em algum lugar?
5. Pensa na situação antes de uma ação apressada?

A escolha que faz será determinada pelos sucessos que teve ao tomar decisões prévias e revelará quais memórias você tem armazenadas nos arquivos de sua mente interior. Quanto você é mais atrevido ou mais cauteloso em seus processos de pensar? Obviamente, o tempo que leva para conseguir sair da sala será determinado por sua flexibilidade, do mesmo modo que essa flexibilidade determinará o quão bem-sucedido você é na vida. Realmente acredito que o livre-arbítrio vence o "destino".

Para algumas pessoas, iniciar uma mudança não é algo fácil. Eu e Sandi éramos amigas há 15 anos. Ela sempre estava sorrindo, alegre e feliz dando conselhos a todos – independentemente de você precisar deles ou não. Ela não tinha filhos e, por isso, ela tratava a todos como se fosse sua mãe. Ela sempre insistia que estava bem e, sendo assim, ninguém sabia que, na verdade, ela era muito solitária.

Seis semanas antes do Natal de 2000, três meses antes de seu 50º aniversário, ela saiu do trabalho um dia não se sentindo muito bem, foi para casa e teve de ser internada às pressas para uma cirurgia de emergência de câncer de cólon. Seu intestino havia se rompido. No dia de Natal, ela ainda estava na UTI, sem poder falar em função de um tubo de respiração na garganta. Apesar do estado físico de Sandi, os enfermeiros a adoravam, e uma das médicas sentiu que era o momento de seguir com a quimioterapia por ela ser tão resiliente. Sandi, mesmo sem a voz, era maior que a vida.

Em vez de distribuir seus presentes naquele Natal, pedimos que todos que a conheciam dissessem a nós o que a tornava especial. Escrevemos as palavras em três grandes cartolinas. Levamos os pôsteres ao quarto de Sandi e lemos as palavras em voz alta, depois de cantarmos canções de Natal. Alguns comentários eram engraçados, outros comoventes, alguns carinhosos e outros alegres. Todos nós tínhamos coisas boas para falar sobre seu senso de humor, sua solicitude e sua competência. Lágrimas caíram dos olhos de Sandi enquanto ouvia. Nós saímos quando ela estava para adormecer e sempre vou me lembrar do sorriso carinhoso em seus olhos. Naquele dia ela soube que era amada. As palavras têm o poder de trazer luz à vida das pessoas.

Nunca vi Sandi consciente de novo. No dia seguinte, um novo médico entrou em seu quarto com alguns estudantes. Mais tarde, a irmã dela contou-nos que Sandi havia perguntado, escrevendo em um pedaço de papel, quando iria deixar o hospital. O médico apenas disse, de maneira desdenhosa, que ela jamais deixaria o hospital e não aguentaria até o Ano-Novo. Suas palavras foram tão cruéis, apesar de provavelmente verdadeiras, que Sandi entrou em coma naquela noite. Ela morreu quatro dias depois, na véspera de Ano-Novo, no final da tarde. Todos nós tivemos plena consciência do poder das palavras naquele Natal. Felizmente, antes de morrer, Sandi ganhara uma oportunidade que é muito raramente apresentada a alguém: saber que havia feito a diferença. Desde então, tenho tratado a vida, e as mudanças e decisões que ela nos proporciona, como um presente precioso.

Recapitulando

1. Você já possui todos os recursos de que precisa para ser um Comunicador Mestre.
2. Sempre fale e pense que *resultados* deseja alcançar: de modo claro e com intenção, usando palavras de alta energia. Suas palavras são como presentes que oferece aos outros, e você recebe delas recompensas ilimitadas para seu próprio uso.
3. Pratique o hábito de tomar decisões usando o esquema de Um a Dez para aprender a confiar em seu próprio julgamento e tomar decisões claras.
4. Comece fazendo mudanças em sua vida agora, começando com "diversão".
5. Pense em cada palavra que diz como se fosse uma palavra-chave que está digitando em um canal de busca na Internet. Que resultados vai encontrar? Que resultados está recebendo das palavras que pensa e fala?
6. Pense em mudar! Se perceber que está dizendo ou pensando em uma palavra de energia baixa, mude-a imediatamente. Por exemplo, "Eu me sinto *horrível* hoje" (mude para uma frase de alta energia): "Não estou me *sentindo* ótima".
7. Respire e medite para liberar seus canais para a consciência mais elevada.

Capítulo Um Plano de Ação

1. Basta escolher uma palavra de energia baixa e excluí-la de seu vocabulário agora. Pratique o hábito de trocar frases de baixa energia por outras de energia elevada, usando a lista nos anexos.
2. Faça o exercício de respiração profunda agora: *Sete, Sete, Onze*.
3. Encontre um "companheiro interruptor". Ajudem-se na tarefa de alterar suas formas de falar por sete dias e observe a diferença de como se sente em relação a si mesmo e aos outros.
4. Converse com alguém na próxima hora, pessoalmente ou por telefone, e diga-lhes o que realmente gosta (ou adora) neles, ou o quanto se orgulha deles.

5. Acesse <www.google.com/trends> e digite "triste, feliz". Você verá um gráfico mostrando quantas vezes as palavras apareceram nas notícias. Você também descobrirá quais países buscaram essas palavras com maior frequência nos últimos dois anos. Você pode digitar palavras individuais ou duas palavras contrastantes. As listas dos gráficos e dos países são bem interessantes. (Quem poderia imaginar que os australianos ocupam três das dez posições mais elevadas para as buscas mais frequentes da palavra "depressão"?)
6. Planeje algo divertido para fazer hoje ou hoje à noite por meia hora ou mais. E, então, faça o que planejou.

2

O Poder da Autoestima

Busque em seu interior agora para descobrir a riqueza do tesouro e dos talentos que já lhe pertencem. Em seguida, escute! Esse é som da felicidade de seu coração cantando.

Livre Para Ser Eu

Sua autoestima depende 100% de seu diálogo interno (seus pensamentos e suas palavras). Só há dois tipos de pensamentos: os que o empoderam e os que não fazem isso! Sendo assim, como você fala consigo, a seu respeito, dentro de sua mente? Seu diálogo interno é solidário e encorajador? Ou você está ocupado repetindo as inúmeras palavras ou frases negativas que todos ouvimos antes de completar 7 anos de idade? (Não coloque a mão aí/Eu não falei/Quando você vai aprender a...?")

Você já percebeu o quanto somos atraídos para pessoas que têm aquela qualidade evasiva que chamamos de carisma? Qual é o segredo daqueles que demonstram confiança e sucesso que os torna tão atraentes? É a percepção de que eles se conhecem bem; nós sentimos que eles seriam capazes de enfrentar qualquer projeto com confiança. Eles realmente parecem gostar de quem são, além de fazerem outras pessoas se sentirem importantes e interessantes. Você sabe, de maneira intuitiva, que são verdadeiros consigo mesmos e se sentem dignos.

A verdadeira autoestima tem a ver com sentir-se totalmente livre para ser seu incrível eu; confiando em sua força de caráter e seu próprio julgamento. Por que a autoestima é tão importante? Porque, quando você se aceita, você permanece calmo e caminha com facilidade em direção ao sucesso, com determinação e coragem, tomando decisões claras, confiante nos resultados. Você se torna mais resiliente, seguro de si e autossuficiente. A autoestima é como você mede sua força interior. Como terapeuta, logo percebi que quase todas as pessoas que me procuravam eram incongruentes a respeito de autoestima em algum nível. Essa é a raiz da razão pela qual as pessoas não obtêm o sucesso que poderiam – e porque, quando se sentem congruentes, conseguem bons resultados!

Shani, uma modelo internacional por dez anos, ficou muito feliz quando lhe apresentei o poder das palavras. Alta, magra e bonita, ela tem "a aparência" de uma modelo. Ela me contou, em uma de minhas palestras, que agora percebia que, na verdade, estava perpetuando a negatividade com seu diálogo interno. Seu trabalho tinha diminuído nos últimos anos e ela me contou que tinha assumido que era porque ela estava envelhecendo e ganhando peso.

Depois do seminário, ela se aplicou em trocar suas palavras de modo que se tornassem mais empoderadoras para si e para os outros. Ela parou de depreciar os outros e mudou seu pensamento, de modo consciente. Ela me telefonou três meses depois e contou-me com entusiasmo:

É incrível! Comecei a receber muito mais elogios (no trabalho e fora dele) por minha beleza, apesar de não ter mudado nada em relação aos cuidados com a pele, em meu cabelo ou atualizando o meu guarda-roupa. Eu me percebi sentindo-me e parecendo mais atraente. Isso pode parecer forçado, mas é tudo verdade! Consegui voltar a trabalhar como modelo. Tenho andado mais ocupada com meus amigos e muito mais pessoas querem ficar ao meu lado. Sinto-me "a vida da festa", e muito mais dinâmica e em controle de meu ambiente. Apenas me sinto diferente; outras pessoas me dizem que pareço mais feliz, como se eu realmente quisesse estar ali. Consigo ainda ouvir os antigos padrões de linguagem e tenho mais consciência do quanto as palavras não são libertadoras. Quando ouço os outros, na realidade, ouço-os com maior clareza. Sinto que estou sendo levada mais a sério e que sou mais "querida", inclusive quando digo minha opinião. Sinto-me empoderada e, sim, sinto-me muito mais bonita! Eu sorrio mais e as outras pessoas ao meu redor reagem à minha energia.

A melhor coisa quando você muda seu diálogo interno e externo é que os outros sabem que você está diferente e melhor, mas eles não são capazes de dizer por que, de repente, você parece como um raio de luz do sol!

Você é Tão Incrível

Cada dia é uma nova aventura. Cada dia é uma oportunidade de viver a vida ao máximo – uma nova oportunidade para criar o novo você e celebrar quem você é. Você é único(a). Você é a única pessoa no mundo que viveu suas experiências e a compreensão da vida do modo como você a vive. Você merece estar aqui. Você já é um(a) vencedor(a). É chegada a hora de viver a vida com a qual você sempre sonhou. Você é importante. Nós precisamos que seu brilho maravilhoso complete o círculo de energia que une todos nós.

A compaixão é unicamente humana; é a capacidade que temos de compreender e sermos solidários com a perspectiva de outras pessoas ao se colocar em seu lugar. Você dá um presente a alguém quando sente empatia por essa pessoa. Nós todos adoramos poder oferecer algo; entretanto, permitir-se receber é essencial se você quer ter sucesso, pois recompensas grandiosas chegam quando você abre o canal de energia que chamamos de abundância.

Jim veio a mim para uma sessão de terapia particular para melhorar sua autoconfiança. Ele havia criado um sistema de programação de computadores e tinha a intenção de lançá-lo no mercado. Ele tinha contatos, mas se sentia relutante em pedir ajuda. Quando lhe perguntei a razão, ele respondeu que aprendera a dar, mas não a receber. Perguntei a ele como se sentia quando dava algo a alguém. Ele respondeu: "Maravilhoso! É isso que faz a vida valer a pena – a sensação de que você fez a diferença na vida de alguém".

Mostrei-lhe que ao não pedir ajuda a outras pessoas, na verdade, ele não estava lhes permitindo experimentar essa sensação maravilhosa. Ele arregalou os olhos: "Nossa! Preciso muito repensar isso. Então, preciso pensar nisso como um presente para elas quando peço sua ajuda?". Exatamente. Sempre que dá algo a alguém, você se beneficia. Toda vez que aceita ajuda, você empodera a humanidade ao se conectar com o mundo e aumentar a rede de comunicação universal.

Jim também não tinha muita energia física, já que passava a maior parte do tempo ajudando outras pessoas, em vez de dirigir sua própria vida. Quando a autoestima não vai tão bem quanto deveria, as pessoas tendem a ser mais perfeccionistas, com expectativas não realistas de como esperam que outras pessoas se comportem. Elas tendem a se autoprojetar para ganhar a aprovação protegendo aos outros em excesso, e com isso deixando-se com menos recursos.

Ensinei a Jim como usar a estratégia de tomada de decisões de Um a Dez na próxima vez que sentisse vontade de ajudar alguém, para que, assim, ele pudesse saber se tinha de fato energia e motivação suficientes. Ele também decidiu fazer duas ligações para pessoas que havia ajudado no passado que saberiam como fazer para que ele pudesse lançar seu produto no mercado.

Suas relações com outra pessoa só podem dar certo se você tiver um bom relacionamento consigo. Você sabe quanta coragem precisou para chegar onde está hoje. Saiba que você é uma pessoa boa, imaginativa, consciensiosa e de coração puro. Você é forte, engraçado, amigável e confiável. Se não sabe disso ainda, então, tem algo a mais que você precisa descobrir sobre si.

Acreditar que você *merece* receber é parte essencial da autoestima e da abundância. Quando se sente merecedor, você se permite receber todos os presentes que a vida tem a lhe oferecer, com alegria. Prepare-se para receber abundância em todos os aspectos enquanto caminha em busca de equilíbrio a partir de uma boa base de liberdade de escolha.

Como você sabe se, de fato, você se ama e se aceita? Uma maneira é ampliar sua observação das pessoas e os acontecimentos que atrai para sua vida. A autoestima o mantém no caminho certo, sintonizado e conectado e, assim, se algo em sua vida não estiver fluindo, isso significa que há coisas ainda incongruentes com o mapa que tem do mundo. Ao emitir palavras e pensamentos, sua mente inconsciente, por sua vez, apressa-se para recuperar aquilo em que você foca! Ela está ansiosa para lhe informar o que precisa ser examinado, ou resolvido, para trazer equilíbrio à sua energia.

A vida nada mais é do que um espelho, um reflexo do que você sente e acredita sobre si, agora. Mesmo que ainda não tenha certeza de que acredita nisso, se fingir que essa é a verdade, você começa a jornada do autoconhecimento e da reflexão; isso lhe permite se autoconhecer por completo e é o prenúncio da autoestima. Quando você conhece alguém que está se saindo muito bem em tudo, lembre-se de se parabenizar por estar no caminho certo. Isso o impulsiona a ir ainda mais longe na sua jornada de alinhamento com seu próprio verdadeiro norte interior. Assim, a abundância irá fluir para sua vida como uma cachoeira.

A segunda maneira de pensar nessa questão é analisar o *quanto* você, de fato, se ama e se aceita. Faça-se a seguinte pergunta: "Em uma escala de um a dez (sendo um o valor mínimo e dez o máximo), até que ponto meu coração se sente realmente conectado?" Você pode contextualizar essa pergunta acrescentando: "... no contexto de minha carreira profissional", ou "... no contexto de meus relacionamentos".

Essa pode parecer uma pergunta estranha, mas a verdade é que a extensão de sua ligação com os outros é um espelho de sua conexão consigo – sua autoestima. Em geral, as pessoas com uma baixa autoimagem sentem que elas têm um espaço em alguma parte de seu coração em que vivem solitárias. Se esse é seu caso, faça-se uma pergunta que será mais fácil de ser respondida: "Em uma escala de um a dez, quanto meu coração se sente solitário?".

Seja qual for a resposta, examine os resultados com curiosidade e um desejo de descobrir o que mais você precisa descobrir para se sentir totalmente conectado. Os exercícios a seguir neste capítulo foram formulados para ajudar você a começar a preencher os espaços vazios.

Se nem sempre consegue o que deseja, em geral, é porque seus objetivos não estão alinhados com seus valores de vida. Valores centrais são intrínsecos a você, e são eles que dão sentido à nossa existência. Quando sua vida e seu propósito estão alinhados com seus valores, você sente que está em um estado de graça. É como achar a nota perfeita em um diapasão e entrar em ressonância com ela. Então, estar afinado com sua vida permite seu destino fluir com suavidade. É aí que a mágica acontece. Há palavras como *honestidade*, *justiça*, *verdade*, *integridade* e *fé* que são valores globais essenciais, além de valores que incluem *prosperidade*, *prestígio* ou uma *casa confortável*, que são mais contextuais. Você também tem valores pessoais que aprendeu com seus pais ou amigos. Para experimentar de verdade e desfrutar o motivo de estar aqui, é importante saber quais são os seus valores, pois quando compreende e aceita a motivação por trás daquilo que faz, você prontamente alcança os desejos de seu coração.

Valores e Estados Chaves

Abundância	Deus	Individualidade
Aceitação	Dever	Inocência
Alegria	Dignidade	Inovação
Altruísmo	Dinheiro	Integridade
Amizade	Diversão	Interesse Próprio
Amor	Energia	Intimidade
Apoio	Entrega	Justiça
Autocontrole	Entusiasmo	Lazer
Autoestima	Equilíbrio	Liberdade
Aventura	Esperança	Maturidade
Beleza	Espiritualidade	Natureza
Bondade	Fama	Orgulho
Caridade	Família	Originalidade
Compaixão	Fazer a diferença	Paciência
Competência	Felicidade	Paz de Espírito
Comunicação	Ferramentas	Perdão
Confiança	Fidelidade	Poder
Conforto	Filhos	Popularidade
Conhecimento	Força	Positividade
Conquista	Fraternidade	Prazer
Contentamento	Garantia	Prestígio
Cooperação	Gentileza	Privacidade
Coragem	Glória	Propósito
Crescimento	Grandeza	Propriedade
Criatividade	Habilidade	Prosperidade
Cultura	Honestidade	Razão
Cumprimento da Lei	Honra	Realização
Deixar um Legado	Humildade	Reconhecimento
Descoberta	Independência	Respeito

Responsabilidade	Segurança	Trabalhar com Pessoas
Riqueza	Serviço	
Risco	Sexo	Trabalho em Equipe
Romance	Sucesso	Tranquilidade
Rotina	Supremacia	Verdade
Satisfação	Talento	Sabedoria
Saúde	Tesouro	

Quando indagadas sobre o que desejam, muitas pessoas dizem, "Ser feliz" ou "Ser rico". Ser rico ou feliz é um estado de ser, não um valor, embora a felicidade e a riqueza possam muito bem chegar até você pelo fato de seguir seus valores conforme busca a realização de seus sonhos.

Como você encontra seus valores? Leia a lista nas páginas anteriores. Grife ou seleciona seus dez estados ou valores mais importantes. Leia-os rapidamente e permita que sua mente inconsciente escolha aqueles que chamam mais sua atenção.

Dentre os escolhidos, qual deles é o que considera absolutamente essencial para seu bem-estar? Você só pode escolher um da lista inteira. Se já escolheu seu número um, qual é o segundo mais importante? E o seguinte? Ordene seus valores até que tenha entre cinco e sete mais relevantes.

A tarefa seguinte é a mais interessante. Às vezes, fica mais fácil se você pedir a outra pessoa que o ajude nessa fase. Digamos que você se pergunte sobre valores profissionais, e você trabalha em um banco como programador. Nesse caso, sua lista original de valores essenciais poderia ser:

1. Dinheiro
2. Prestígio
3. Fazer a Diferença
4. Satisfação
5. Criatividade
6. Trabalhar com Pessoas

A primeira tarefa é olhar para o primeiro dos itens e se perguntar: "No contexto de minha carreira, tudo bem para mim ter *dinheiro* e não ter *prestígio*?"

Talvez a resposta seja sim, então pergunte: "Tudo bem para mim ter *dinheiro* e não *fazer diferença*, no contexto da carreira?" Talvez a resposta seja não e, então, de repente, seus valores precisam ser realinhados. Faça-se a mesma pergunta considerando todos os outros valores, um a um, em ordem decrescente e reordenando-os conforme suas importâncias lhe são reveladas. Quando encontrar seu valor número um, vá para a palavra seguinte na lista e repita o processo.

Então, você se perguntaria: "Em meu contexto profissional, seria tudo bem para mim eu ter *prestígio* e não ter *satisfação* em meu trabalho?" Possivelmente não e, assim, mais uma vez, a ordem mudará (embora, para alguém como a rainha da Inglaterra, um valor elevado de dever fosse superar a necessidade de satisfação).

Você poderia, então, terminar sua ordem de relevância:

1. Fazer a diferença
2. Trabalhar com pessoas
3. Criatividade
4. Satisfação
5. Dinheiro
6. Prestígio

Com certeza, essa ordem o faria repensar o que pretende fazer para ganhar a vida. Em um banco, um emprego que você pode gostar e que vai ao encontro desses valores poderia ser como um gerente de treinamentos ou um corretor de financiamentos. O sucesso tem significados diferentes para pessoas diferentes. O verdadeiro sucesso acontece quando você se sente bem sobre quem você é, o que faz e o que tem. Curiosamente, isso também vale para quando você tem uma verdadeira autoestima.

Mude Seu Diálogo Interno:
Está na Hora de Fazer Amizade – Consigo!

Você está preparado para escrever seu próprio roteiro de amor-próprio? É o roteiro sobre o seu eu verdadeiro. Você realmente conhece as suas melhores qualidades? Como fazer para descobri-las? Continue a leitura! E faça o exercício a seguir:

Por favor, escreva suas respostas para a lista abaixo, numerada de 1 a 7 em uma folha de papel separada. Você precisará de um gravador portátil ou de um telefone celular para gravar sua voz: a voz que sua mente inconsciente mais adora ouvir!

1. **Faça uma lista das *melhores* qualidades de sua mãe**, como se estivesse falando com ela (mesmo que ela não esteja mais aqui). Por exemplo, emoções, talentos, praticidade, aparência, inteligência, habilidades com pessoas, determinação, senso de humor, educação, etc. Faça as afirmações como sendo o modo como ela é (sem usar palavras de baixa energia):
   Você é _____

2. **Faça uma lista das *melhores* qualidades de seu pai:**
   Você é _____

3. **Quem é a pessoa ou animal que você mais ama? Faça uma lista de suas melhores qualidades:**
   Você é _____

4. **Quem ou que tipo de pessoa você mais admira no mundo?** (Essa pessoa pode ser alguém que você não conheça, alguém famoso, por exemplo):
   Eu o/a admiro porque você é _____

5. **Descreva seu par romântico ideal:**
   Você é _____
   Você também é _____

6. **Quais as coisas que mais admira em *si*?**
   Olhe-se em um espelho se precisar de algumas ideias para responder a esse item.
   Você é _____

7. **Agora, liste as dez coisas ou pessoas por quem sente gratidão na vida hoje.**
   Sou grato a _____
   _____
   porque _____
   _____

Você deve concluir com uma lista que diz assim (preencha as lacunas):

1. (Mãe) Você é...
2. (Pai) Você é...
3. (Pessoa ou animal) Você é...
4. (Outros) Eu o/a admire porque você é...
5. (Par Romântico) Você é...
   Você também é...
6. (Eu) Você é...
7. Sou grato a... porque...

Essa é a base de seu roteiro para mostrar o seu eu verdadeiro. O que você observa e gosta em outras pessoas são *suas próprias melhores qualidades*.

Fale e grave (fazendo uma pausa de alguns segundos entre cada frase):

> *Enquanto fecha os olhos, relaxando mais profundamente do que já o fizera antes, imagine-se em um lugar bonito e seguro na natureza. Sinta seu rosto suavizar a cada respiração e simplesmente... relaxe.... Há uma brisa suave mexendo em seu cabelo.*
>
> *Talvez você se imagine em uma floresta, onde existe água correndo de um riacho ou um lago próximo, onde um córrego bate contra algumas pedras até chegar ao lago.*
>
> *Vá até a água, onde você talvez se surpreenda, ao observar seu reflexo, que parece ter brilho novo em volta de você. Esse é o seu eu verdadeiro, o eu autêntico. O sol está brilhando e há um arco-íris de luz descendo do céu, reluzindo através das gotas de água.*
>
> *Se pudesse agora imaginar um anjo, ou Deus, como uma cor, que cor seria essa? (Pausa)*
>
> *Note agora como um facho dessa cor brilhante passa a se infundir por toda sua cabeça, ombros e corpo com uma nova sensação de saúde e vitalidade ao mesmo tempo que se torna ciente de quão radiante você está hoje. E você sabe, ao se reconectar agora com aquela luz interior e exterior que você é essa luz. Você tem o conhecimento e a sabedoria da eternidade em cada uma das células de seu corpo.*

(Agora leia em voz alta seus resultados de 1 a 6 – todas as suas melhores qualidades.)

1. Você é...
2. Você é...

3. Você é...
4. Eu o/a admiro porque você é...
5. Você também é...
6. Você sabe que você é...

Na medida em que se lembra de seu eu autêntico – o verdadeiro, puro e original – talvez você consiga reconhecer seu espírito interior de verdade e bravura. Você pode reconhecer, agora, a força de caráter, honra e confiança mais uma vez.

Você está respirando, vivendo e relaxando em um estado de pura felicidade enquanto se lembra, agora, de um momento em sua vida em que, gostou de si mesmo, de verdade. Apenas se lembre de um momento em que soube que estava fazendo algo admirável.
(Pausa)
Se conseguir localizar um lugar em seu corpo físico nesse momento onde essa lembrança maravilhosa está armazenada, onde seria esse lugar?
(Pausa)
Conduza sua consciência até a célula que guarda a parte mais importante dessa memória, observe, veja, sinta ou perceba um vórtice de poder girando e se espalhando para fora dessa célula, fazendo com que todas as outras células de seu coração, peito, fígado, pulmões e de todo seu corpo possam se lembrar dessa sensação deliciosa.

Observe, agora, cada uma de suas células "saudando" cada uma das demais células em seus... ombros, pescoço, cabeça, rosto, braços e mãos. A intensidade agora se espalha por seus órgãos, espinha, quadril, coxas, joelhos, panturrilhas e pés – com cada uma de suas células cantando e celebrando com total entrega e liberdade.

Com orgulho e uma sensação deliciosa de satisfação, você nota que cada célula em seu corpo inteiro começa a formigar com excitação. A vida é maravilhosa. Você percebe, de repente, que se sente grato. Grato pela luz do sol e pela alegria... pelas árvores, pássaros e flores. Você é um ser abençoado.

Você é grato pelo... (insira aqui sua lista de palavras – número sete)
Agora, você confia em si.
Pouco antes de se deixar levar por um sono cada vez mais profundo todas as noites, você talvez consiga se lembrar de algo bom que fez naquele dia. Talvez possa se lembrar de algo bom que alguém disse a seu respeito.

Talvez, apesar de dormir, de maneira profunda e repleta de paz, sonhando ou não, você possa despertar todas as manhãs se sentindo muito bem, totalmente revitalizado em todos os níveis, sabendo que este novo dia representa uma chance de um novo recomeço, a oportunidade de começar algo novo. Hoje é um dia para viver a vida com alegria e diversão, sentindo-se satisfeito por estar vivo.

Este é um dia para se lembrar de se amar e se aceitar.
Agora, quando estiver pronto, abra os olhos para esse seu eu totalmente renovado.

Você pode decidir que usar a frase "Eu sou…" funciona melhor para você do que dizer "Você é..." Essa é apenas uma preferência pessoal. Basta escolher a linguagem que mais gosta de ouvir. Você também pode adicionar qualquer outra sugestão que lhe faça sentir-se ótimo. Ouça essas palavras todos os dias e, em pouco tempo, começará a pensar em si de uma forma totalmente diferente.

Relaxe, Deixe Fluir, Aprenda a Dizer Não, e depois se Recompense!

Autoestima também envolve ser capaz de estabelecer limites. Quando nós, de fato, damos valor a quem somos, entendemos que é bom termos necessidades e desejos, e cuidarmos de nós mesmos. Quando nos valorizamos, nós podemos valorizar os outros de modo mais completo. Você pode ou não mudar sua personalidade da noite para o dia, mas, de qualquer forma, apresento aqui um método passo a passo para que aprenda a dizer não:

"Sue, você pode vir ajudar com minha mudança no sábado?"

Sue pensa: "Ah, não! Nem em meus piores pesadelos!"

Sue diz: "Claro, será um prazer. Vou chamar uma babá para cuidar de meu filho, levo também alguns cachorros-quentes e podemos até fazer um churrasco mais tarde!"

Sue pensa: "Não acredito que eu disse isso!"

Sue fará sua parte conforme prometido, acabará se sentindo infeliz e até ficará chateada se sua amiga não oferecer nem ao menos para pagar pelos cachorros-quentes.

Como sair dessa enrascada? Lembre-se do exercício de Um a Dez para tomar decisões: "Quanto é bom para mim se...?" (1 a 10). Lembre-se: cinco, ou menos que isso, e a resposta é não!

Opção 1 (Decisão de Um a Dez)

Sue pensa: "Quanto é bom para mim ajudar Ann a se mudar para sua casa nova?"

A resposta de Sue: 5 ou 6 de um total de 10 (essa não é uma resposta boa o suficiente para passar o dia inteiro fazendo isso!).

Sue responde a Ann: "Tudo bem. Posso ficar três horas com você. De 1 às 4 está bom para você? Preciso voltar para casa depois desse horário".

Agora, Sue reduziu o tempo, de modo que Ann, pode, provavelmente, arranjar outra pessoa para ajudar no restante do tempo de sua mudança. Ann está ocupada demais para agradecer a Sue com flores ou um cartão; ela está se mudando e todos nós sabemos como isso pode ser interessante sem ter que se perguntar se um amigo prestativo se sente aprovado! Sue precisa validar a *si*. As crianças fazem isso por instinto.

Assim, enquanto Sue responde, sua recompensa já deveria estar sendo formulada em sua cabeça: uma caminhada, uma massagem, um banho quente, um dia de tratamento especial. Isso, automaticamente, faz com que você não espere nada de sua amiga tão atarefada, não permitindo, então, que nenhuma forma de ressentimento se forme. Se Ann, mais tarde, lembrar-se e lhe trouxer flores ou um cartão de agradecimentos, esse será apenas um *bônus* extra, e não parte essencial dessa equação.

Lista de Recompensas

1. Caminhar ou correr em um lugar bonito
2. Ouvir música
3. Ir à academia
4. Fazer uma massagem
5. Jogar golfe
6. Comer algo afrodisíaco: "Como isso com *amor*!"
7. Comprar roupas novas
8. Planejar uma viagem
9. Ficar com os pés para cima por dez minutos
10. Assistir a um programa de TV especial

... E assim por diante.

Nutrir a si faz parte do processo de gostar de sua individualidade. É importante também se permitir uns instantes de solidão todos os dias para reabastecer a alma e estabelecer a conexão com a mente interior. Reserve um tempo para si nesse processo de criar sua própria vida, pois reservar um tempo para de si é essencial para se ter um corpo e um espírito saudáveis e, assim, manter o "poço" cheio. Quando você se sente bem, você tem muito mais a oferecer a si e aos outros.

Opção 2

Sue pensa: "Seria bom se eu ajudasse Ann com sua mudança?" A resposta é 2 de 10. Se mesmo assim ela disser que sim, a recompensa precisa ser *muito* grande para que se sinta consolada por fazer algo que *realmente* não quer fazer (um vestido novo, um dia inteiro de folga, três horas sem fazer nada, uma saída ao cinema/teatro). A melhor resposta? "Ah, Ann, não consigo neste sábado." ("Não posso" só faria com que ela perguntasse "Por que não?", e Sue acabará não dizendo a verdade!) Esse é o estágio intermediário de seu aprendizado para dizer não.

Depois de pouco tempo de prática, você perceberá que dizer não fica cada vez mais fácil. Ao definir seus limites, o tempo que normalmente passaria fazendo coisas com um coração não tão aberto volta para você, como um presente que você se dá. Esse tempo pode ser usado para reabastecer e impulsionar seu estado interno. O que você fará com todo esse tempo extra? Divirta-se e aproveite cada segundo! Você pode começar, se preferir, confirmando seu estado positivo com otimismo e alguns reforçadores de humor. Apresento aqui uma lista de ideias que o ajudarão a se reabastecer.

Doze Dicas Rápidas para Re-la-xa-a-ar...

1. Respire. Inspire quatro vezes. Feche os olhos e faça a respiração Sete-Sete-Onze do capítulo anterior.
2. Brinque com seu cachorro ou outro animal de estimação; já foi provado que isso faz aumentar os níveis de serotonina, o que serve para nos acalmar.
3. Comece o dia ingerindo fibras, como farelo ou aveia. Elas ajudam a regular o *cortisol* (o hormônio controlador do estresse). Suco de laranja (ou qualquer bebida com vitamina C) surte o mesmo efeito. Durante o dia, ingira alimentos com alto teor de magnésio, como: amendoim, amêndoas, sementes de girassol e sementes de abóbora, para dar energia ao seu humor aumentando a serotonina.
4. Feche os olhos e se lembre do momento mais feliz de sua vida. Imagine onde esse momento pode estar armazenado em seu corpo (basta escolher um lugar agora). Em seguida, encontre aquela célula no centro dessa área que guarda

a maior intensidade do momento feliz. Imagine essa célula como sendo uma pessoinha sorridente saudando cada uma das demais células de todo seu corpo.

5. Rabisque enquanto trabalha – isso faz seu cérebro entrar em estado *alfa*, o que é semelhante a um estado de meditação. Esse hábito lhe trará funções cerebrais mais elevadas e pacíficas.
6. Cante! As ondas sonoras ativam um relaxamento alfa e a respiração alterada estimula o cérebro a dar pausas. Fazer aulas de canto também melhoram a respiração e a autoconfiança.
7. Coloque uma música e dance. Na verdade, quaisquer tipos de movimentos divertidos estimularão seus níveis de serotonina.
8. Medite ou faça uma auto-hipnose por 15 ou 20 minutos todos os dias. Há comprovações de que 20 minutos de hipnose equivalem a quatro horas de sono.
9. Ria. Seja feliz. Veja um filme engraçado.
10. Mantenha o queixo erguido. Literalmente. Isso o conecta fisiologicamente com seu cérebro superior, o cérebro feliz. O mesmo acontece com a cor azul. Olhe para o céu azul ou pendure um belo quadro com bastante azul, que fique acima do nível dos olhos, no local onde você passa a maior parte de seu dia.
11. Fique ereto, olhe para o teto, respire profundamente e permaneça assim enquanto sente cada um dos músculos de seu corpo e pensa ou diz "Sim! Sim! Sim!". Então, solte a respiração e relaxe.
12. Escreva "EU!" em sua agenda diária para se lembrar de reservar tempo para si.

Os dois exercícios a seguir, que chamo de Magias da Mente, irão mudar seu estado interior ou sua fisiologia de dentro para fora, de modo que possa acessar sentimentos bons sempre que desejar.

Magia da Mente Um

Feche os olhos e lembre-se de um tempo em que se sentiu realmente entusiasmado com algum acontecimento em sua vida. Veja o que você vê, sinta o que sente, ouça, sinta o sabor e o cheiro. Sinta a imagem ganhar vida. Respire-a; transforme-se nela. Agora, imagine-se de pé ao lado dessa imagem e a encolha para ficar do tamanho de um pequeno selo postal escuro. Envie o selo para o canto esquerdo superior da sala. Como se sente agora? Agora, diga "CABUM!" em voz alta, enquanto traz a imagem de volta para você; imagine-se entrando nela, como se estivesse entrando em um dia de sol. Sinta o momento poderoso, de novo: realce as cores, os sons e as sensações. Respire-o até sentir um formigamento que o fará se sentir vivo e, então, saia da imagem e repita o processo, encolhendo a figura e enviando-a de volta ao canto da sala. Imagine-se voltando para dentro dela como em um passe de mágica algumas vezes até se sentir renovado.

Magia da Mente Dois

Outro modo de acessar sensações boas é fechar seu punho e pensar "Sim!" cada vez que experimentar algo extremamente divertido ou apenas se sentir bem. Quando faz esse gesto em base regular, se começar a se sentir não tão bem em qualquer momento no futuro, basta fechar o punho e você irá, imediatamente, para aquele lugar que lhe fez sentir-se tão bem.
Esses breves exercícios se tornam mais fáceis à medida que os repete. O aspecto mecânico de como sua mente opera quando você a guia com palavras e imaginação é bastante direto. Você acaba de descobrir que pode mudar seu estado quase que de forma instantânea com as palavras e pensamentos que pensa para si.
Até aqui, estamos explorando algo que se encontra abaixo da superfície de algum modo, e incrementando suas técnicas de observação para abrir novas possibilidades. Como você faz, exatamente, para acessar os vastos recursos mágicos que o capacitarão a descobrir o tesouro no final do arco-íris? Você abre sua mente para o potencial do universo quântico.

Mecânica Quântica

Embora cada um de nós pareça estar tendo uma experiência localizada linear, nós somos não locais – fazemos parte da grade do campo de energia que forma o cosmo. Somos muito mais do que percebemos. Por exemplo, sua mão, mesmo sendo parte de você, não descreve seu eu completo. Se pudesse olhar mais de perto para cada uma das células de sua mão através de um microscópio, veria que o DNA de cada célula é idêntico ao de todas as demais células de todo seu corpo. Se olhar ainda mais de perto, no espaço quântico entre cada célula (o espaço subatômico), você perceberá que está olhando para aquilo de que o universo é composto, o que nos torna um micro e um macrocosmo ao mesmo tempo.

"Não existe realidade na ausência da observação."
A Interpretação de Copenhague da Mecânica Quântica

A física newtoniana clássica nos oferece uma maneira de compreender como funciona o mundo natural. Ela supõe que existe uma ordem das coisas que, quando compreendida, permite que acessemos ferramentas capazes de fazer predições sobre o mundo físico natural. Entretanto, durante a primeira parte do século XX, cientistas encontraram uma série completa de fenômenos extraordinários em seus experimentos em laboratórios que não pareciam se encaixar nas regras da física clássica (ação/reação).

Havia algo a mais que os cálculos da física clássica não podiam explicar. Os cientistas, então, começaram a formular algumas teorias aceitáveis para os resultados incomuns, que hoje formam a base da mecânica quântica.

A mecânica quântica (do latim, *quantus*, ou "quanto") é o ramo da física que governa como se comportam as partículas menores. Nesse mundo, a substância nada mais é do que vibração e tudo o que existe são partículas e ondas. A mecânica quântica envolve uma importante remodelagem das leis físicas do comportamento em escalas atômicas e subatômicas, pois, nesse nível, coisas estranhas e maravilhosas acontecem: por exemplo, um elétron pode estar em dois lugares ao mesmo tempo.

As contribuições de inúmeros cientistas durante os primórdios do século XX culminaram em 1936, em Copenhague, com uma série de artigos científicos e seminários de Neils Bohr e Werner Heisenberg, que são hoje mais ou menos aceitos como a interpretação "ortodoxa" da mecânica quântica.

Um dos princípios primários da mecânica quântica é que uma propriedade não existe se não puder ser medida, e que ela não é fácil de mensurar porque a indeterminação é uma propriedade fundamental do universo. O Princípio da Incerteza de Heisenberg afirma que quanto maior o número de variáveis, mais imprevisível o resultado.

Em outras palavras, nada é real até que seja mensurado, mas há coisas que simplesmente nós não podemos medir. Sabemos que essas coisas existem porque causam um efeito observável em coisas que podemos medir!

Existe também o que é conhecido como *variável oculta*, que não nos permite medir resultados com qualquer grau de certeza. Essa variável oculta atua como uma interferência e causa um estado de entrelaçamento. Por consequência, no nível do campo quântico, que é o nome dado pelos cientistas para a distribuição de energia que o tempo todo cria e recria partículas, quase tudo se torna possível. Esse é um conceito importante para entendermos por que essa variável oculta também é a chave para acessarmos nosso poder pessoal até então inexplorado.

Conforme aprende a se ajustar e a se sintonizar com palavras de alta energia, você acessará o mundo mágico dos potenciais quânticos e das variáveis ocultas, sentindo-se perplexo ao perceber a rapidez com que consegue alterar os resultados em sua vida.

Como se esse mundo quântico de possibilidades não fosse surpreendente o suficiente, considere por um instante a capacidade estupenda que nossos cérebros possuem: apenas em termos de processamento, o cérebro tem centenas de trilhões de conexões possíveis, cada uma delas sendo capaz de calcular coisas de maneira simultânea. Possui também uma quantia que equivale a 1.200 *terabytes* de memória de um computador; isso equivale a 6 milhões de anos de publicações do *Wall Street Journal*!

Agora, lembre-se de que é por meio de nossa mente interna inconsciente que nos conectamos e moldamos a energia do universo, incluindo o campo quântico. Já temos dentro de nós um "supercomputador" capaz de se adaptar tanto ao mundo newtoniano mais confiável quanto ao campo quântico, onde novas informações, processamentos e a capacidade de manifestar nossos sonhos podem acontecer.

*Quando pede a uma palavra...
todos os seus sonhos serão logo atendidos.*

Até aqui, espero que esteja compreendendo a ideia de que se trocar suas palavras e direcionar seus pensamentos de modo consciente, você transforma não só sua percepção da vida, mas também seus resultados. Há algo mais para aprender aqui. É algo tão especial que quando abraçar essa ideia por completo, terá em suas mãos a chave para direcionar seu destino e acessar uma quantia surpreendente de força, alegria e felicidade.

A chave está na compreensão de que existe uma abundância infinita disponível para todos nós. Observe a grandeza da natureza. Temos fartura de ar para respirar, além de água e alimento suficientes para nossa sobrevivência plena. Essa abundância faz parte de nossa herança. Temos também enormes ofertas de amor, alegria, saúde, prosperidade e tempo esperando para serem reivindicados. Assim que você aprende a confiar em sua interioridade de maneira total, e seja capaz de enviar a mensagem certa para sua mente inconsciente baseada em decisões claras e com palavras e pensamentos de alta energia, você será capaz de acessar as riquezas com que sempre sonhou ter: saúde ótima, amigos incríveis, relações íntimas, riqueza, felicidade e paz de espírito.

Lembre-se de que o sucesso busca por você, da mesma forma que você busca o sucesso. O amor está à sua procura, da mesma forma que você está em busca do amor. Pessoas maravilhosas estão à sua procura, da mesma forma que você as está buscando. A prosperidade e saúde estão à sua procura, assim como você está em busca delas.

Recapitulando

1. Há dois tipos de pensamentos: os apoiadores e os não apoiadores.
2. O conceito que tem si mesmo é decidido diariamente pelo modo como você fala consigo.
3. Você pode amar alguém só até o ponto em que ama a si. Você pode se conectar com outras pessoas quando se conectar consigo.
4. Tudo o que você é, faz ou consegue, depende de sua própria autoestima.
5. Receber é tão importante quanto dar.

6. A vida é um espelho; olhe para ele todos os dias para descobrir como você está se saindo.
7. As três respostas para pedido de ajuda:
   - Sim, Eu adoraria.
   - Ajudarei por algumas horas.
   - Não, não estou disponível.
8. Seus valores o colocam em sintonia com seu verdadeiro norte interior.
9. Uma recompensa e diversão todos os dias são essenciais para sua felicidade.
10. Cuidar de si é parte essencial de seu crescimento e desenvolvimento. Seja gentil consigo hoje.

Capítulo Dois Plano de Ação

1. Leia a lista de palavras mais relevantes, otimistas e de alta energia nos anexos e escolha uma palavra nova para usar a cada dia.
2. Liste os seus "afazeres" diários e selecione três mais essenciais para realizar hoje. Quais são os três mais importantes para você? Depois de completá-los, considere outras tarefas realizadas como bônus extras. Você recupera um sentido de autoestima e orgulho em suas realizações.
3. Selecione uma das coisas para fazer da lista dos estimuladores de otimismo e comece agora.
4. Mude sua fisiologia se levantando, ombros para trás, respirando do fundo de seus pulmões, olhos erguidos, faça algumas respirações de liberação. Isso o deixa, de maneira imediata, em um estado de cérebro elevado/cérebro feliz/estado alfa.
5. Faça uma lista de coisas que adora fazer e coloque-a em algum lugar de fácil acesso em sua casa ou escritório. Realize uma ou mais dessas coisas todos os dias.
6. Cerque-se, de forma consciente, de pessoas solidárias de quem gosta e com quem gosta de estar.

3

O Poder da Consciência

"Estou tentando libertar sua mente, Neo. Mas tudo o que posso fazer é lhe mostrar a porta. Você é quem precisa atravessá-la."
– Morfeu, do filme *Matrix*

O Poder das Palavras: A Chave para Seu Sucesso

Pense nisso – o que aconteceria se todos os seus pensamentos se concretizassem? E se cada medo que você teve se materializasse de maneira instantânea? Você escolheria falar e pensar de modo diferente? E se tudo o que pensasse ou dissesse sobre outras pessoas acontecesse com você? Você pensaria nos outros com mais cuidado? Você os trataria melhor do que costuma?

Por que é tão importante para nós nos entendermos e termos consciência dos processos de nossos processos de pensamento? *Porque criamos nosso mundo com nossas ideias e palavras.* Cada uma das grandes catedrais, cada novo invento, cada decisão já tomada, começou com apenas um pensamento. Aquilo que você pensa e no que foca é o que você materializa manifesta em sua vida (e você sempre consegue mais, quanto mais você foca) e, portanto, seus pensamentos e linguagem precisam ser direcionados com clareza para produzir grandes resultados. Você é o Mestre Criador de sua própria vida. As ferramentas e intuições neste livro o ajudarão a acessar e delinear seu esquema próprio para obter sucesso.

Existe alguma coisa que você gostaria de trabalhar melhor em sua vida neste momento? Talvez sua carreira profissional, seus relacionamentos, prosperidade, saúde ou autoestima? Para melhorar sua situação é preciso uma de duas coisas: ou deve haver algo mais que precisa saber a respeito de si ou de suas circunstâncias, ou é chegada a hora de mudar os pensamentos e palavras que você usa internamente para descrever a experiência. Portanto, seu fosse lhe dar um presente hoje, eu escolheria o presente da curiosidade, para aprender e crescer tão rápido quanto uma criança.

Você já possui a liberdade interna, como a de uma criança, para escolher o que sai de sua mente e de seus lábios. Seus pensamentos são tão reais quanto os móveis em que você está sentado agora. Portanto, cuidado. Sua mente está ouvindo e reagindo de acordo com aquilo que ela acredita que sejam os seus desejos. As palavras, símbolos e as imagens que decide ter em sua cabeça, neste exato momento, estão planejando seu futuro nesse instante. Há, literalmente, milhares e milhares de pensamentos e palavras dinâmicos e afirmadores da vida disponíveis para você escolher pensar e falar.

Sua felicidade e os resultados em sua vida dependem diretamente da eficiência do fluxo de comunicação entre sua mente exterior ou consciente (simplesmente o que você consegue ver, ouvir, sentir, pensar e tocar), e sua mente interior, ou inconsciente, que compõe 90% de quem você é e controla quase absolutamente tudo o mais, incluindo sua respiração, digestão, emoções e mecanismos de sobrevivência. Sua mente interior também é responsável por trazer até você mais daquilo em que você se concentra.

A quantidade de força pessoal que você é capaz de gerar depende desse fluxo de comunicação. Se focar em pensamentos negativos ou usar uma linguagem negativa (palavras de baixa energia), você diminui de maneira dramática a velocidade entre o que deseja e o que, de fato, alcança. Um excelente diálogo interno é como o interruptor que liga a energia, permitindo que confie mais e abrace a vida. Ele permite a você acelerar seu crescimento pessoal com uma atitude de curiosidade e experimentação, muito semelhante à forma como uma criança agiria.

Conforme passa por essa vida, cada experiência que tem surte um efeito na ligação entre sua mente interior (inconsciente) e externa (consciente). A experiência molda suas crenças e suas crenças moldam sua identidade; cada uma delas influencia a linguagem que você usa para descrever suas experiências. Uma experiência não muito feliz é capaz de gerar emoções de baixa energia e crenças não fortalecedoras que, se não forem eliminadas, atuarão como um padrão de interferência entre você e seus objetivos. Se emoções de baixa energia persistem, sua mente inconsciente tenta avisar que algo dentro de você não está resolvido. Você pode pensar em emoções baixas como pequenas nuvens sobre sua cabeça que não deixam o brilho do sol penetrar. Eliminá-las é importante, pois da mesma forma que uma linguagem e crenças negativas, elas desaceleram o tempo de reação e atrasam ou diminuem os excelentes resultados que sua mente interior (inconsciente) está ávida para lhe oferecer.

O eu interior – sua mente interior – guarda um "esquema invisível da vida". Ele representa seu incrível eu quântico: todos os seus talentos individuais, habilidades, potencialidades e possibilidades presentes e futuras. Esse é o seu eu "perfeito", que todos nós temos à nossa disposição. É simplesmente uma energia poderosa. Pense em uma fonte de energia como a eletricidade. Ela não possui uma qualidade intrínseca que podemos classificar como "boa" ou "ruim". Ela não pensa; apenas existe. Contudo, pode ser usada para o bem ou não.

Você pode escolher usar sua própria energia para obter grandes resultados ou resultados não inspirados, dependendo de como vivencia os acontecimentos da vida. Esses eventos da vida são apenas isso – acontecimentos. Você pode escolher *reagir* de modo diferente outra maneira a partir de agora prestando mais atenção aos pensamentos e à linguagem que usa para descrever esses fatos, sentindo-se muito grato por estar recebendo sinais e presságios que o ajudarão ao longo do caminho em busca de uma felicidade mais plena. Quanto mais curiosidade tiver para descobrir que padrões de linguagem e de pensamentos continuam acontecendo, e por quê, mais fácil será para alterá-los.

O conselho mais dado para que as pessoas manifestem seu sucesso e direcionem seus destinos é "Pense positivo." É como dizer a alguém que está tentando aprender uma segunda língua a apenas ouvir com atenção e esperar que aprendam sem maiores esforços! O pensamento de sucesso começa com a mudança consciente que acontece quando decidimos mudar a partir da primeira palavra ou pensamento.

Você é o professor e instrutor de sua própria mente. Se não estiver conseguindo as reações ou os resultados que deseja na vida, muito possivelmente isso quer dizer que precisa pensar em de simplificar e esclarecer sua linguagem para que sua mente possa compreender melhor a mensagem e criar aquilo que você deseja.

Instrua Sua Mente para Construir Sua Vida

O dr. Masaru Emoto, um pesquisador japonês, fez algumas descobertas notáveis a respeito da relação entre o pensamento e a matéria usando cristais d'água. Ao utilizar um microscópio extremamente poderoso e fotografias em alta velocidade, em uma sala muito fria, ele consegue fotografar cristais de água congelados. Ele descobriu que os cristais mudam quando pensamentos específicos e concentrados são dirigidos a eles. Por exemplo, quando apresentou palavras carinhosas e música (escrita ou falada) ao formar cristais d'água, ele observou que a água desenvolvia padrões complexos coloridos e brilhantes, como flocos de neve. A água que recebia pensamentos de baixa energia, na forma de emoções negativas (medo, raiva, e assim por diante), formava padrões assimétricos e de cores mais opacas. A partir dessa e de outras pesquisas similares, é fácil imaginar como as palavras e os pensamentos surtem um efeito semelhante nos corpos humanos, já que somos compostos por 70% de água, assim como acontece com a própria terra.

Com as palavras nós damos forma e ação aos nossos pensamentos e elas possuem uma enorme energia e força. Você tem a oportunidade, a cada vez que abre a boca, de transformar seu mundo e o mundo ao seu redor em um lugar melhor. Quando começa a alterar sua mente, agora, tornando-se ativamente ciente da linguagem que usa para se comunicar consigo e com os outros, você pode escolher como ver, sentir, ouvir, tocar, pensar e falar de maneira diferente. Imagine, enquanto fala e pensa, como suas palavras podem alterar a forma da água e, depois, perceba que essas palavras surtem efeito em sua mente e em seu corpo da mesma forma. Que mensagens você enviou hoje com suas palavras?

Eu comecei a trocar palavras de baixa energia por padrões de palavras de alta energia e afirmadoras da vida há alguns anos e descobri, em primeira mão, junto de meus clientes, que a remodelagem de palavras e pensamentos produz ressonância e harmonia imediatas na vida de alguém. Isso, por sua vez, prepara-nos para nos fazer entrar em sintonia com frequências ainda mais elevadas necessárias para a produção de uma manifestação mais duradoura, consistente e poderosa (e rápida) de nossos objetivos.

O dr. Ebi Taebi é um médico naturopata canadense especialista em câncer, doenças crônicas e depressão. Ele começou a usar palavras de alta energia de modo consciente e me disse que isso mudou toda sua atitude em relação à vida em apenas três meses. Ele observou também mudanças significativas em seus pacientes. Ele viu resultados "milagrosos" em pacientes depressivos quando passou a ensinar seus pacientes a trocarem suas palavras. Ele também obtém resultados mais rápidos em suas práticas do dia a dia, e seus pacientes parecem estar bem mais otimistas. Como um feliz subproduto, sua clientela e sua renda aumentaram, pois as pessoas estão mais atraídas por sua disposição mais solar e ficam felizes em recomendar seus serviços a outros pacientes.

Veja todos os acontecimentos que o desviam de alcançar seus objetivos como uma indicação de que você deve ser mais consistente em *seus* pensamentos e ações. A pergunta que deve se fazer não é *quando* vai decidir eliminar os obstáculos, mas *com que rapidez* pode encarar e superá-los. Basta imaginar como sua vida está prestes a melhorar assim que decidir mudar suas reações aos acontecimentos *agora* e começar a se conectar e reivindicar o imenso poder de sua mente interior, abrindo o espaço para o sucesso.

Conscientizar-se das palavras que usa e tomar uma decisão consciente de mudá-las é o primeiro passo para criar um futuro mais feliz e revitalizado para você, pois isso amplia suas crenças na ideia de total liberdade de escolha. A curiosidade o impulsiona; a mudança, então, acontece em nível inconsciente (a propósito, toda mudança é inconsciente) e a obtenção de resultados passa a ser instantânea.

> *"Aqueles que acreditam que são capazes de fazer algo*
> *e os que acreditam que não o são, ambos estão certos."*
> – Henry Ford

Os humanos são, por natureza, criadores e criativos. Essa criatividade produz uma vibração de energia elevada no cérebro que, por sua vez, ativa níveis maiores de vibração na mente, atingindo, por fim, o nível de atividade necessário para produzir pensamentos e ideias incríveis. A manifestação de todas as suas esperanças e desejos começa com a vibração de energia mais elevada possível (Deus, ou Mente Universal) e vibra com facilidade através da supraconsciência/inconsciente coletivo, chegando à mente interior inconsciente. Sua mente interior inconsciente está em contato direto com esse poder de vibração mais elevado.

Sua mente consciente só pode se conectar com o poder da criação por meio do cérebro, que é o ponto de troca entre ela e a mente interior inconsciente. Portanto, quanto mais sua mente consciente se conecta, ou está em congruência com a inconsciente, mais rapidamente seus desejos se manifestarão.

Dito isto, é importante saber como você pode acessar a mente inconsciente e aprender como formular sugestões de modo que ela ouça e se sinta estimulada a se tornar parte *ativa* em sua busca por uma vida saudável, próspera e feliz. Para fazer isso, é melhor, antes, entender como as mentes consciente e inconsciente funcionam.

Esteja Atento à Sua Mente Consciente

A mente consciente consiste de aproximadamente 10% de sua mente. Ela funciona em um estado de *percepção subjetiva* ativa. Enquanto lê esta página, perceba as palavras na página e sua disposição. Você está usando sua mente consciente lógica para fazer isso. A mente consciente ativa todos os conceitos cognitivos: o conhecimento adquirido, as habilidades verbais e matemáticas, a criatividade e o raciocínio. Essa função cerebral específica entra em fruição por volta dos 2 anos de idade, conforme você se torna mais autônomo e autoconsciente.

Há dez coisas importantes que devemos saber sobre nossa mente consciente:

1. A Mente Consciente Tem Ciência do que Percebe

A mente consciente funciona em um estado de atenção e controla todos os movimentos físicos voluntários e conhece seu corpo e tudo ao seu redor por meio dos órgãos dos sentidos. Todos os seus sentidos perceptivos se reportam à mente consciente. Percebemos o mundo principalmente por meio de cinco canais: visão, audição, paladar, tato e olfato. Pessoas com predominância visual percebem o mundo primariamente a partir do que se lembram de ter visto.

Pessoas com a audição dominante se lembram das experiências ao se recordarem dos sons que ouviram. Os sinestésicos se lembram das experiências por meio de um cheiro, ou por algo que sentiram, tocaram ou saborearam. Pessoas auditivas-digitais se recordam do que estavam pensando a respeito de algo e o que fez sentido para elas na ocasião. Nossa experiência da realidade nada mais é do que a memória do que percebemos em um determinado momento; nós criamos histórias ou imagens (palavras e pensamentos) para descrever nossa versão seletiva dos fatos.

2. Ela Entra em Contato com a Realidade por meio dos Órgãos dos Sentidos

Todos os nossos estímulos sensoriais são direcionados por meio de impulsos elétricos que são transmitidos por reações químicas, por caminhos neurais de nosso corpo. O cérebro é a rede de troca que dirige mensagens de nossa mente inconsciente para a consciente e o inverso. Ao ampliar sua acuidade sensorial, você pode aumentar sua percepção consciente e fortalecer a conexão entre sua mente interna e externa.

Enquanto lê, preste atenção em sua temperatura corporal e a temperatura ambiente, e sinta a cadeira ou superfície abaixo de você. Observe todas as cores ao seu redor e note o que consegue ver com clareza, ou o que está em sua visão periférica. Observe se há odores ao seu redor e se eles lhe são agradáveis ou não. Você ouve o som de um relógio? Alguma música? A natureza? Trânsito? Silêncio? Qual a sensação e o sabor em sua boca agora? Você acaba de ampliar seus sentidos e incrementar a ligação entre suas mentes consciente e inconsciente.

3. Ela Coleta e Seleciona Informações

Para fazer o exercício acima, você precisou desacelerar um pouco a leitura para poder processar as sugestões, mas, independentemente da velocidade com que estivesse lendo, as informações estavam sendo coletadas e apresentadas a você na velocidade do pensamento – de forma incrivelmente rápida. A mente consciente *reúne* e *seleciona* informações, canalizando-as para o inconsciente. Ao mesmo tempo, ela apaga e distorce as informações de acordo com a linguagem usada na transmissão, juntamente com todas as outras crenças anteriores que possam ter estado presentes.

4. Ela se Comunica com a Consciência Universal (Deus) por meio de Sua Mente Inconsciente

A mente consciente só possui ligação direta com a fonte de manifestação a não ser por canalizar por meio da mente inconsciente, pois para serem compreendidas e apresentadas, as palavras e as ideias precisam ser traduzidas para uma interface de símbolos ou imagens. Se a ligação entre o consciente e o inconsciente for clara e forte, a colaboração e, portanto, a manifestação, é fácil. Emoções de baixa energia e crenças não fortalecedoras só servem para interferir nesse fluxo de energia, interrompendo, por sua vez, a conexão. Emoções de alta energia tornam o fluxo de energia muito mais fácil.

5. Ela Testa as Probabilidades

Sua mente consciente seleciona as *probabilidades*. Se você decide sair hoje, você tomará uma decisão consciente a respeito do que irá vestir com base nas probabilidades. Se estiver um dia bonito de verão, provavelmente escolherá roupas mais leves.

6. Ela Age como Tomadora de Decisões e Juíza

Sua mente consciente pode também decidir que você deva levar uma jaqueta, por julgar que talvez esfrie ao entardecer, ou um dinheiro extra, se por acaso decidir ir ao cinema mais tarde.

7. Ela Apresenta Informações para o Inconsciente Armazenar

Enquanto chega a conclusões, a mente consciente *apresenta as informações para a mente inconsciente* para que ela guarde e preserve na memória. Mais tarde, na noite do exemplo acima, enquanto veste uma jaqueta mais leve e a temperatura fica nitidamente mais fria, você pode armazenar essa informação para a noite seguinte, ou até para o ano seguinte, para que, com base na nova informação recebida, a mente consciente possa *recuperar informações da mente inconsciente* e tomar uma nova decisão de levar uma jaqueta mais quente da próxima.

8. Ela Faz Generalizações

A mente consciente faz *generalizações*. Enquanto passeia, você pode avistar um animal bonitinho. Se tiver quatro patas, for peludo, balançar o rabo e latir, a mente consciente conclui que se trata, provavelmente, de um cachorro.

9. Ela Gosta de Analisar e Categorizar

Sua mente consciente gosta de *analisar e categorizar*, tanto para conseguir uma máxima eficiência, quanto por questões de proteção, já que ela busca descobrir se um padrão irá ou não beneficiá-lo. Entretanto, os juízos que a mente consciente faz apenas são bons se as informações recuperadas da unidade de armazenamento da mente inconsciente, que pode ter arquivado também uma quantidade em média de 150 mil comandos de baixa energia de alertas de nossos pais ou de outras figuras de autoridade antes de completarmos 7 anos de idade. Comandos esses que atuam como um poderoso filtro que nossa mente inconsciente ativa em favor daquilo que considera como nossa proteção.

10. Ela Requisita Informações da Memória Inconsciente

Sua mente consciente usa, com frequência, o livre-arbítrio para fazer você agir, mas considerando que apenas 10% de sua mente é consciente, só o livre-arbítrio não basta para ajudá-lo a acessar os arquivos, limpar o filtro e gerar bons resultados. Se precisássemos apenas de determinação, todos nós já teríamos alcançado o sucesso há muito tempo!

Até 90% da mente não é consciente e, portanto, independentemente do quanto você *queira* mudar, se a mente inconsciente estiver repassando antigos vídeos, filmes ou memórias de quando você não tinha sucesso, seus resultados poderão ser inconsistentes. Se deseja que seus pensamentos e ações sejam eficazes, sua mente inconsciente, onde está a imaginação, tem que estar em harmonia, ou de acordo, com a mente consciente.

Então, como você muda a mente interior? A maneira mais fácil é acessar e eliminar da mente inconsciente todas as programações ultrapassadas, que podem estar ali guardadas em seus arquivos de armazenamento, substituindo-as por novas programações poderosas de intenções claras e motivação elevada, para que as mentes consciente e inconsciente ajam de comum acordo, formando uma compreensão congruente.

Quanto maior a sincronização, maior a rapidez com que seus desejos se tornam sua realidade enquanto acessa níveis mais elevados de consciência. Você também descobrirá que, ao reconfigurar os pensamentos e a linguagem, você se torna condutor mais nítido e poderoso de encorajamento e cura, tanto para si quanto para as outras pessoas em sua vida. Você percebe que tudo é possível.

A Vida Privada de Sua Mente Inconsciente

Por que você precisa saber como funciona sua mente inconsciente? *Porque ela controla 90% de seu funcionamento e 100% dos resultados bem-sucedidos de sua vida.* A mente inconsciente, em essência, é onde guardamos nossa percepção de tudo que não é material consciente.

Você pode pensar na mente consciente como o operador de um computador. Como o operador, você tem controle absoluto sobre o que você programa o computador para fazer. Você decide quais arquivos abrir e quais arquivos manter, mudar, editar ou apagar. Decide a respeito da ordem de importância dos documentos e determina quais deles são atuais, confidenciais ou para serem arquivados. Como operador você pode, às vezes, ter arquivos com senhas esquecidas ou equivocadas e, de vez em quando, os arquivos contraem vírus que você nem percebe estarem ali no momento, embora saiba que algo não vai bem porque o programa deixa de responder com a mesma rapidez de antes.

Sua mente inconsciente apresenta as possibilidades mais incríveis quando você aprende como usá-la. É muito parecido com a Internet, embora a maioria das pessoas use apenas uma fração de suas capacidades. O sistema de proteção da mente é fantástico. É programado para filtrar, escanear, limpar e eliminar vírus a cada segundo de todos os dias. Ele só deixará de executar essas funções se o operador anular ou reescrever suas mensagens claras de alerta. Este é um *servomecanismo*: ele age mediante seus comandos, a não ser que seja necessário realizar a preservação do corpo, momento em que ele sempre tentará anular um comando ou lhe enviar uma mensagem. Sua mente inconsciente não possui pensamentos ou sentimentos próprios, ela gera resultados com base em seu próprio esquema original e a entrada de qualquer programação subsequente.

Resultados Felizes

Como pode fazer sua mente inconsciente funcionar como aliada para a obtenção de incríveis resultados felizes? Embora a mente consciente possa extrair conclusões do que não foi dito ou não esteja aparente, a mente inconsciente só pode produzir resultados com base na exatidão da pergunta ou da maneira como as informações lhe são apresentadas pela mente consciente (o operador).

Se, alguma vez, você tentou achar um site na Internet usando palavras-chaves, você entenderá como esse sistema funciona. Digite a palavra "caixas" e terá acesso a todos os tipos de caixas desde as de bombons até caixões. Eu buscava um "estimulador alfa" e apareceram todos os tipos de páginas de conteúdos pornográficos ("estimular" pode ter outras conotações diferentes do significado que eu pretendia encontrar!). A mente inconsciente também não sabe diferenciar entre o que é real e o que é imaginário, da mesma forma que acontece na Internet.

Quando você chega a uma conclusão consciente, ou toma uma decisão consciente, a mente inconsciente armazena essa informação em um arquivo e oferece resultados futuros baseados nessa programação feita pela mente consciente. Depois disso, não importa o quanto a mente consciente use de seu livre-arbítrio, ao longo do tempo o inconsciente, por fim, reverterá e apresentará resultados baseados em programações anteriores. É o mesmo que acontece quando atualizamos um documento do *Word* e não nos lembramos de salvá-lo; qualquer nova informação simplesmente não é aceita e o arquivo original reaparece. O arquivo precisa ser reeditado e salvo pela mente consciente (por repetição de ações ou de linguagem), ou a mente inconsciente precisa ser convencida de que a saúde vai melhorar ou ser comprometida, para que proceda de outra maneira.

A mente inconsciente, que também é onde a manifestação começa, é composta por impulsos fundamentais (genéticos e coletivos) e memórias. Por meio da repetição de ações ou processos de pensamentos, os hábitos são formados. Os hábitos são úteis porque nos permitem não ter que reprocessar cada detalhe dos 2 milhões de unidades de informação que são registrados em nossos cérebros *a cada segundo*. Eles nos ajudam a fazer generalizações e a criar expectativas, de forma bastante parecida com quando aprendemos a dirigir um carro – todas as novas informações parecem nos sobrecarregar no início, mas, por fim, dirigir se torna totalmente automático. Dirigir um carro desconhecido toma apenas alguns minutos para nos acostumarmos, pois os carros, apesar de algumas diferenças na aparência, em geral, têm a mesma forma de funcionamento dos freios, volantes, limpadores de para-brisas e assim por diante.

Se passarmos a acreditar que uma memória ou um hábito é um impulso fundamental, então, ela se torna nossa verdade e, posteriormente, nossa realidade atualizada. Por exemplo, se sempre *escolhemos* relacionamentos que são complicados, poderemos presumir que "todos os relacionamentos são complicados". Essa máxima se torna uma profecia autorrealizável e parte de nosso sistema de crenças e, portanto, de nossa realidade.

Quando acrescentamos a essa equação o fato de que a "realidade" é totalmente subjetiva (peça a três pessoas para descreverem um acontecimento dramático ou emocional e terá a impressão de que não estavam falando do mesmo fato), você terá a impressão de resultados inconsistentes.

O ponto-chave para os resultados *de sucesso* é "pensar direito": decisões tomadas por repetição de ações anteriores que deram *bons* resultados. Antes de pensar certo (e, depois, agir certo) possa ocorrer, a primeira chave para fazer mudanças acontecerem é uma percepção ampliada de seus hábitos, diálogo interno e das suposições. Você não pode mudar algo sobre o que não sabe!

A fórmula simples para a realização de mudanças apresentada a seguir será aprofundada ao longo deste livro por meio dos exercícios práticos que oferecerão maneiras para que possa dar uma turbinada e alterar todos os aspectos de sua vida.

Percepção Subjetiva
mais
Disponibilidade de escolha
(Eu sempre tenho uma escolha!)
leva à
Adaptação
(novas ideias/criatividade/aprendizado)
para permitir
Absorção/Assimilação
resultando em
Ação
(ação *com propósito* baseada em resultados de propósitos)
que nos levam a
Participação ativa em uma vida incrível!

Então, como você se torna ciente do que a mente inconsciente requer de você para ela atender aos seus desejos? Você aprende como ela funciona. A boa notícia é que você pode reprogramar a mente inconsciente simplesmente compreendendo as instruções que ela precisa para produzir um resultado de alta energia e resultado ordenado. Os pensamentos, palavras, imagens, sons e sensações que você usa para se comunicar consigo moldam o que você percebe como sua realidade. Ao usar palavras de maneira consciente, você pode, conscientemente, criar a realidade que deseja e merece. Você tem nas pontas dos dedos, na mente inconsciente, um imenso suprimento de recursos anteriormente inexplorados que estão a um pensamento de distância.

Enquanto percorre as funções da mente inconsciente, ponto a ponto você pode formular diferentes ideias sobre como fala e pensa para o futuro, para que suas mentes consciente e inconsciente possam começar a trabalhar juntas como uma equipe ou parceria. Você irá se surpreender com que rapidez uma sensação de paz e confiança começa a crescer em sua vida. Também poderá apreciar da forma como seus desejos se tornam realidade quase que imediatamente, conforme elimina padrões repetitivos prévios. Cada pequena mudança que você nota reforçará a crença de que o trabalho que está desenvolvendo compensa tanto de modo emocional quanto financeiro.

O Poder Quântico da Mente – O Tesouro Escondido em Sua Mente Inconsciente

O esquema de sua mente inconsciente está programado para encontrar soluções na medida em que ela se dirige à integração e unidade. Esse modelo é desenhado para lhe dar aquilo em que você foca. Ela age mediante comandos diretos. Não precisa que você seja educado. Embora a mente consciente possa precisar ser convencida – "Eu ficaria muito agradecido se você abrisse a janela, por favor, porque essa sala está ficando quente demais" – seu inconsciente prefere instruções diretas: "Abra a janela agora". Você pode pensar nele como um gênio da lâmpada ou um anjo da guarda que está ali para cumprir suas ordens. Para obedecer, o inconsciente precisa de comandos no tempo presente (como agora) para induzir a ação. Você pode fazer seus pedidos com um "por favor" e um "obrigado", embora essa não seja uma exigência, para elevar a vibração da instrução com o uso de palavras de alta energia. Há dez coisas principais que devemos entender a respeito de nossa mente inconsciente:

1. Diretiva Máxima: Sua Saúde é Sua Verdadeira Riqueza

A *primeira* diretriz da mente inconsciente é a de operar e preservar o corpo físico (sobrevivência) e, portanto, *todas* as sugestões relacionadas à manutenção da saúde corporal são *imediatamente* aceitas, lembradas e executadas. Às vezes, ela executa um programa que acredita ser para sua proteção, que você precisa eliminar e atualizar para ficar melhor emocional e fisicamente.

Por exemplo, pense em uma criança que sente não ser amada (o amor é uma exigência de sobrevivência para a diretriz do cérebro humano) ou negligenciada. Por causa dessa "doença" emocional, a criança se torna fisicamente doente (todas as emoções negativas, por fim, se manifestam fisicamente), o que, então, incita nos pais o amor ou a atenção que a criança deseja. O diálogo interno da criança pode, então, soar mais ou menos assim: "Quando não estou bem, sou amada/tenho segurança," o que o inconsciente traduz para significar que ficar doente implica sobreviver. Esse padrão pode se arrastar até a idade adulta, quando o programa da mente inconsciente precisa ser revisado: as necessidades e filtros (de sobrevivência) de uma criança não são iguais aos de um adulto e, como adultos, temos mais escolhas e recursos disponíveis pelos quais podemos conduzir nossas relações.

Para ampliarmos o canal de comunicação entre nossas mentes consciente e inconsciente, pouco antes de dormir à noite, você pode querer dirigir sua mente inconsciente dizendo a si, em silêncio ou em voz alta:

> *Por favor, desligue e me liberte de todas as emoções negativas e crenças limitadoras no contexto de...* (qualquer que seja a área que não esteja funcionando para você, quanto mais específico, melhor) *AGORA, preservando todas as lições positivas para uso futuro. Reconecta-me com o esquema autêntico de perfeita saúde, riqueza e felicidade mágica, e traga-me amor, alegria, boa saúde e abundância. Obrigado.*

Você pode confiar que seu inconsciente irá responder – talvez com um sonho interessante ou um fato incomum no dia seguinte que lhe dá uma pista do que fazer para se conectar melhor com a mente inconsciente. Uma atitude honesta e curiosa fará todo o possível para ajudá-lo a perceber os sinais.

O inconsciente rege o sistema nervoso autônomo do corpo, o que inclui o respirar e a respiração, o coração, o sistema imunológico e a digestão. Tudo o que mantém o corpo funcionando com eficácia faz parte do domínio da mente inconsciente.

Você não sabe, de modo consciente, como fazer para bater seu coração, bem como não faz ideia de como fazer para que o sangue corra por seu corpo ou como processar a digestão dos alimentos que consome. No entanto, seus pensamentos conscientes podem afetar o bom funcionamento desses sistemas. Cinesiólogos que realizam testes musculares provaram que pensamentos de baixa energia produzem músculos mais fracos, enquanto que pensamentos de alta energia (positivos) geram músculos mais fortes.

Um recente estudo americano realizado com pessoas idosas acamadas com incapacidades de longo prazo provou que o simples *pensar* em exercitar as pernas, os braços e os músculos por apenas dez minutos por dia aumentaram de fato a força e o aspecto muscular em menos de um mês. Seus pensamentos impactam cada uma das células de seu corpo e, portanto, a verdadeira cura acontece mentalmente *antes* que ocorra a cura física.

Recentemente, usei essa conexão de saúde para pôr fim em uma enxaqueca. Eu não tinha dores assim há muitos anos, desde que comecei a usar a hipnose. Então, acordei às 2 horas da madrugada com uma sensação menos que boa, que só quem já teve enxaquecas sabe que esse é apenas o início de um ciclo de três dias, e minha primeira reação foi de surpresa. Contudo, eu sabia que já vinha me preparando há tempos para um grande espetáculo de saúde e, assim, sentei-me na cama e disse em voz alta:

Quero agradecer à minha mente inconsciente agora por me lembrar que tenho exagerado. Estou ouvindo e estou ciente disso e gostaria de lhe dizer que, em favor de minha saúde, como ainda tenho dois dias de trabalho à frente, mantenha-me saudável fazendo essa dor passar agora, ajudando-me a relaxar e dormir bem esta noite. Obrigada.

Volto a me deitar (*sem* tomar nenhum remédio). Dez minutos depois, minha cabeça estava bem e dormi o resto da noite. Ao nos conectarmos com a ideia de saúde, qualquer sugestão será aceita com um interesse ávido pela mente inconsciente.

Cuidado com como conversar consigo – a palavra "dieta" para a mente inconsciente implica falta de alimento. A comida é essencial para o corpo permanecer vivo, por isso, planejar uma dieta, muito possivelmente, resultará em muitas idas à geladeira para armazenar energia. Ao sugerir em vez de dieta algo como *"Eu adoro comer frutas e legumes agora porque alimentos frescos me deixam mais magro e, portanto, mais saudável"*, é uma maneira muito melhor para convencer a mente inconsciente a se unir à sua busca por magreza.

Você poderia achar formas de ficar rico usando a conexão de saúde nas palavras que usa para falar consigo? E se usar essa poderosa afirmativa: *Eu sou rico e próspero agora porque a prosperidade me permite relaxar mais e me tornar mais saudável!*

Seja o mais criativo e engenhoso que puder; seu inconsciente *adora* sugestões que são dadas de forma criativa porque elas mantêm a mente consciente ocupada e fora do caminho enquanto o inconsciente está fazendo seu trabalho de criar mudanças.

2. A Mente Inconsciente Tem Ligação Direta com a Mente Universal, ou Deus

Edgar Cayce, conhecido como o Profeta Adormecido, dizia que o uso de "forças imaginativas" é o segredo para a consciência espiritual. Os estados alterados produzidos pela hipnose, oração, meditação, ou o simples uso da imaginação, abrem uma porta de entrada e direcionam a ligação com o eu superior e a força suprema. Os resultados, que mais parecem "milagres", na verdade, passarão a ser ocorrências comuns à medida que aprendemos a utilizar a energia dinâmica da mente inconsciente.

3. Ela Armazena e Organiza as Memórias

A mente inconsciente se lembra de tudo, uma ferramenta bastante útil se usada de maneira direcionada. Lembro-me de uma experiência com meu pai quando eu tinha 14 anos de idade. Ele segurava uma frigideira queimando, cheia de gordura, e caminhava para a porta dos fundos de casa, suas mãos queimavam enquanto o fogo ficava cada vez mais alto por conta do oxigênio que entrava pela porta. Sem pensar, eu agarrei um pano de prato, encharquei-o com água da torneira e joguei sobre a panela, o que fez as chamas se apagarem de imediato. Não me lembro bem quando ou onde aprendi a fazer aquilo, mas ficamos muito contentes pelo fato de minha mente inconsciente possuir aquela memória armazenada em algum lugar para uso posterior.

Dentro de sua cabeça está seu cérebro, um mecanismo tão perfeito que filtra, seleciona e processa 2 milhões de informações por segundo. Ele divide as informações em blocos de 126 cada (mais ou menos) e depois as envia para serem armazenadas e para preencherem grupos de sete (mais ou menos dois). É por isso que usávamos números de telefones em grupos de sete números – eles são bem mais fáceis de lembrar. Durante o processo de seleção, as informações são generalizadas antes de serem armazenadas e arquivadas, às vezes, tornando-se distorcidas ou apagadas. Uma experiência atual pode agir como um gatilho para uma memória e uma reação acontece, que usa a memória recuperada como um meio consciente para julgar qual ação é mais adequada. Se a lembrança estiver guardada de modo eficaz, e se não houver nenhum tipo de distorção, o resultado é tão fácil como nos lembramos do que fazer para andarmos de bicicleta. Contudo, se emoções estiverem envolvidas nesse armazenamento ou no processo de recuperação da memória, podem acontecer consequências inesperadas.

4. Ela Armazena e Coordena Nossas Emoções

As emoções são armazenadas e coordenadas de dentro da mente inconsciente. Às vezes, emoções negativas e os eventos que as cercam são suprimidos da atenção consciente até que uma memória ou acontecimento posterior as ative. A mente inconsciente, então, apresenta a emoção suprimida para que a mente consciente a resolva.

As emoções estão na raiz do nosso comportamento. Elas agem como a força propulsora por trás da motivação e por trás de qualquer decisão de tomada de ação (as pessoas, em geral, vão *em direção* ao prazer e *para longe* da dor). As emoções armazenadas no inconsciente são as mais potentes, pois surgem sempre que são "engatilhadas" por um fato imediato. Tanto experiências prazerosas quanto as não tão agradáveis são capazes de incitar memórias anteriores.

O papel da mente inconsciente é a de apresentar e manifestar a emoção mais adequada ao que está acontecendo no fato ou experiência atual. Entretanto, se uma vivência é forte ou pesada demais, a reação emocional correta pode não ser registrada de imediato, visto que o mecanismo de sobrevivência de "luta-ou-fuga" entra em cena. Se a mente inconsciente sente que a sobrevivência pode estar comprometida, ou que algum tipo de ameaça é iminente, ou mesmo se a reação emocional for simplesmente demais para ser tolerada (como na dor resultante da morte de um ente querido), então, a mente inconsciente poderá colocar de lado certas emoções adequadas e armazená-las para que a pessoa apenas "aguente" aquela dor. A dissociação (uma diminuição aparente, ou até mesmo uma completa falta, de sentimentos) é o resultado, o que funciona como um excelente mecanismo *temporário* de proteção. Mais tarde, essas emoções armazenadas podem ser desencadeadas em um momento adequado (ou inadequado), já que a mente inconsciente usará toda e qualquer oportunidade para liberar essas memórias indesejadas.

Memórias "esquecidas" podem vir à tona na forma de impulsos e compulsões; talvez nem saibamos por que agimos como agimos porque a memória que ativou a compulsão ainda está escondida. Por exemplo, a comida pode ter laços emocionais com conforto ou amor, o que pode fazer com que uma pessoa coma demais para estimular endorfina a fim de continuar "equilibrada". No entanto, comer demais ou alimentação menos saudável causa ainda mais desequilíbrio físico e emocional e, assim, um ciclo, ou um circuito, é criado.

5. Ela Mantém Instintos Genealógicos

O mecanismo de sobrevivência de luta-ou-fuga é uma memória instintiva que é uma reação à tensão. Ele está conectado ao nosso sistema nervoso e é basicamente um mecanismo de proteção. Nossos ancestrais precisavam reagir a um ataque surpresa por meio de fuga ou de luta, sendo que os dois exigiam uma explosão de energia no corpo para lhes proporcionar um meio de sobrevivência. Qualquer ação instintiva, em geral, é uma memória genética: comer, dormir, reproduzir-se, e as funções glandulares são apenas alguns dos padrões instintivos que nos permitem viver de modo mais eficiente.

Processos de pensamentos inconscientes que se mostravam úteis eram armazenados e utilizados na forma de impulsos. Por exemplo, nossa fome é uma necessidade instintiva do corpo, que costumava ser vital há milhares de anos, quando nossos ancestrais tinham a tarefa de caçar para conseguir comida e depois prepará-la ou cozinhá-la antes que a fome pudesse ser satisfeita.

Nos dias de hoje, nós, que vivemos no mundo ocidental, não sentimos fome extrema, já que os alimentos estão quase sempre à nossa disposição. Quando estamos cientes da necessidade de comer, vamos até a geladeira ou ao armário da cozinha e comemos. Mesmo antes de a fome ser saciada (o que geralmente acontece em dois ou três minutos), nós já tomamos medidas para que ela fosse satisfeita.

6. Ela Cria e Mantém Padrões de Mínimo-Esforço

O comportamento habitual é estabelecido com facilidade. Uma vez aprendido, podemos tranquilamente direcionar nossa atenção para outro lugar e continuar rodando o programa. Dirigir um carro é um exemplo perfeito disso. Pelo fato de, automaticamente, já saber como guiar um automóvel *de forma mecânica*, a mente consciente fica livre, pronta para aprender de modo instantâneo qualquer nova informação apresentada na forma de condições incomuns na estrada ou relativa ao comportamento de outros motoristas.

Chamamos todos esses padrões de comportamento habitual de "rotinas", e uma rotina é um padrão útil e fácil de ser estabelecido, com benefícios construtivos óbvios. Um exemplo de uma rotina *desfavorável* é o da gratificação instantânea de comer enquanto assiste televisão, ou de continuar em um emprego só porque é "confortável". Esse comportamento pode ser mudado por meio de um impulso poderoso da mente inconsciente. Estudos mostram que levamos apenas 21 dias para estabelecermos um novo padrão de comportamento ou um hábito. Um hábito é um comportamento adquirido que se repete até que se torna quase involuntário. Existe uma tendência de pensarmos nos hábitos como desfavoráveis. Na realidade, *os hábitos benéficos são tão fáceis de serem estabelecidos quanto os desfavoráveis.*

7. Ela se Comunica Com os Símbolos

O inconsciente usa a linguagem da metáfora e a imaginação para criar o futuro, em parceira com a mente consciente.

Os seus pensamentos começam com as palavras que você usa para representar seus desejos à mente inconsciente. Ela os traduz em imagens e lhes devolve essas informações na forma de metáforas ou símbolos. Cada indivíduo compõe um modelo ou um mapa do mundo, que é usado para guiar o comportamento. Como este mapa é puramente subjetivo, todas as decisões que tomamos fazem sentido quando vistas no contexto de nosso próprio modelo. Se quisermos compreender nossas experiências, esses modelos são os nossos guias.

Às vezes, esses modelos não nos servem. Eles podem se tornar menos flexíveis, levando-nos a fazermos escolhas incorretas, ou podem se tornar não criativos, levando a *não* fazermos nenhuma escolha para poder ampliar ainda mais seu próprio crescimento de produção de escolhas, basta alterarmos seu diálogo interior, aumentar sua imaginação e formular intenções claras seguidas de uma ação imediata.

8. Ela Aceita o Direcionamento da Mente Consciente

A mente inconsciente só aceita sugestões de alguém que ela respeita – o que pode ser o motivo de sua mente inconsciente nem sempre lhe dar ouvidos.

Como sua mente inconsciente pode querer seguir suas sugestões a não ser que você ame e respeite a si? A mente inconsciente acredita a seu respeito naquilo que você acredita de si mesmo (assim como outras pessoas). Sua autoestima é de fato a fundação de suas crenças e a manifestação de uma excelente autoimagem, sucesso e felicidade.

Quantas vezes você já se elogiou hoje? Quantas recompensas ou presentes se deu? Como fala de si? O que me faz lembrar – como você fala a respeito de *outras* pessoas?

9. Ela Aceita as Coisas de Modo Literal e Pessoal

Cuidado com o que fala de outras pessoas: sua mente inconsciente acredita que você está falando de *si*, pois ela só reage às palavras-chaves que você usa, sem perceber que você está falando de outra pessoa! Sua autoestima pode não estar tão bem quanto poderia porque sua mente interior aceita todas as suas palavras como a verdade. Você pode mudar isso se alterar suas palavras-chaves.

10. Ela Não Processa Comandos Negativos

Não pense em um elefante branco. *Não* pense em um elefante branco com manchas rosas – dançando em um palco. *Não* se lembre do número 167. Qual número você não deve lembrar? Seu inconsciente não consegue processar aquilo que *não* é. Ela simplesmente reage às palavras-chaves que você oferece. As crianças com menos de 7 anos de idade estão inclinadas a reagir como a mente inconsciente. Diga a uma criança "*Não* encoste aí!" e observe sua reação.

Enquanto lê as palavras a seguir, observe como se sente:

E agora, só pensando em toda a tensão e na rigidez em seus ombros, em todas as preocupações do dia a dia, relaxe os ombros e esqueça de tudo.

Onde está sua imaginação nesse exato momento? Agora, observe o que sente enquanto lê a passagem seguinte:

E agora, só pensando em seus ombros, relaxe-os, soltando-se e imaginando uma linda energia cor de rosa como uma luz líquida que desce passando por seus ombros, bem suave, deixando tudo flui...i...ir.

Você pode querer ficar ciente da diferença que as palavras podem fazer ao se lembrar desses dois exemplos quando falar com outras pessoas no seu dia a dia.

Sua mente inconsciente é como a Internet, que reconhece e processa as palavras-chaves em uma sentença e reage lembrando você de todas as outras cadeias de palavras, memórias e significados, estimulada por cada palavra-chave (incluindo memórias genéticas e de vidas passadas). Já foi provado que palavras negativas produzem uma vibração ou uma energia menor (mais pesada), enquanto palavras positivas produzem uma vibração ou energia mais elevada (mais leve). Você até se sente "pesado" quando percebe emoções de baixa energia e "leve" quando se sente bem.

Ouço pessoas dizendo todos os dias: "Sem problema!", quando, na verdade, o que querem dizer é "De nada" ou "Fico feliz em ajudar". Pare e pense no que de fato a mente inconsciente está ouvindo. Ela não processa o "sem" e, portanto, só ouve "problema". Acesse a Internet agora e faça uma busca. Sua mente inconsciente é um bilhão de vezes mais potente do que qualquer computador já inventado. Quantas cadeias de significados, memórias ou eventos já foram disparados por essa única palavra? De fato, ao mudar palavras-chaves de baixa energia por outras palavras-chaves de alta energia, você pode, de verdade, mudar sua mente! Por exemplo:

- "É difícil" se torna "*Não é fácil.*"
- "Estou falido" passa a ser "*Não estou rico.*"
- "Estou com medo" se torna "*Não tenho coragem.*"
- "Estou doente" passa a ser "*Não estou muito bem de saúde.*"

Mudar sua linguagem proporciona uma solução maravilhosa para interromper esse diálogo interno não produtivo. Observe como a mente inconsciente ouve essas frases:

- "(~~Não~~) é fácil."
- "(~~Não~~) sou rico."
- "(~~Não~~) tenho coragem."
- "(~~Não~~) estou muito bem de saúde."

Mude Sua Linguagem, Mude Seu Destino

Como ficar atento e mudar sua linguagem impactam sua vida? Permita-me citar alguns exemplos:

Kirsten, uma instrutora de ioga e cliente, contou-me o seguinte:

Tomei muito mais cuidado com as palavras que escolhi na última semana. Durante uma aula particular de ioga, consegui me corrigir diversas vezes e fiz uma aluna ficar ciente do constante fluxo de comentários limitadores e negativos que dizia sobre si mesma. Ela ficou bastante grata porque não percebia a frequência com que aqueles pensamentos surgiam!

Elaine é uma amiga de longa data. Uma grafóloga e analista de caligrafias muito conhecida, sempre correndo e ocupada com tantas coisas, resistia bastante em comprar sua casa própria, inventando inúmeras razões para justificar o fato de não conseguir arranjar todo o dinheiro para dar uma entrada. Usar as ferramentas para alterar seus pensamentos e sua linguagem mudou sua experiência de modo dramático:

Transformar palavras como "problema" e "ruim" em "oportunidade," "desafio," "emocionante" e palavras similares, ajudou-me a transformar meu discurso e meu modo de pensar. Ao tomar ciência de meus próprios padrões de linguagem e mudá-los, constato que a vida é muito mais fácil, além de ver minha prosperidade aumentar ao ponto de conseguir, há alguns dias, fazer um depósito de entrada em um apartamento, que pretendo conseguir quitar até o dia da entrega das chaves.

Joanne, uma consultora de treinamentos e dona de uma empresa, veio até mim em busca de sua certificação de hipnoterapeuta para aumentar seu conjunto de competências. Durante meu treinamento de sete dias, nós fizemos um jogo. Cada pessoa pega 20 moedas no primeiro dia. Digo aos participantes que se usarem uma palavra de baixa energia, têm de entregar uma das moedas para a pessoa que ouvir a palavra. Aquele que pega o infrator em flagrante diz: "Troque!", e a pessoa flagrada deve substituir a palavra de baixa energia por uma palavra ou frase de alta energia. Se a pessoa perceber a falha antes que outra a flagre (por exemplo, eles podem dizer: "É difícil... Opa! Na verdade, eu queria dizer que não é fácil!"), podem reivindicar uma moeda da outra pessoa, estimulando, assim, que todos passem a prestar atenção nas palavras que estão usando. Todos os participantes, sem exceção, começam, já no primeiro dia, insistindo em afirmar que só falam e pensam coisas positivas e que, portanto, nem precisam brincar!

Joanne não gostou nem um pouco da brincadeira e quis desistir depois dos dois primeiros dias. Como treinadora e acostumada a falar bastante, ela passa a vida conversando com pessoas e fazendo perguntas. Durante o jogo, porém, ela não queria falar porque perdia moedas a cada frase dita! Ela me disse que logo aprendeu com o exercício que ela não falava de maneira positiva e que, com grande frequência, usava palavras negativas. Ela percebeu que, em muitas ocasiões, as pessoas entendiam mal o que ela dizia ou queria dizer por causa de sua linguagem negativa.

Na segunda semana, ela disse a outra aluna que tinha perdido a voz desde que começara a jogar, falando de modo figurativo. Para minha surpresa, ela tinha, de fato, perdido a voz como resultado de uma laringite, que a abateu, de repente, quando vinha para Vancouver para conduzir um treinamento. Durante os três dias de treinamento, ela falou consigo de modo contínuo sobre como se sentia bem e de como sua voz estava bem mais clara, para garantir que poderia concluir o treinamento. Deu certo.

Joanne escreveu para me agradecer, dizendo:

É incrível como alterar a linguagem e os pensamentos teve um impacto tão grande em minha vida, tanto para mim, em relação à minha saúde quanto na interação com meus familiares, parceiros de negócios e meus clientes. Estou muito mais positiva como resultado.

Wilma fez o treinamento no mesmo seminário de Joanne. Pouco antes do curso, ela fora diagnostica com câncer. A doença se manifestou em uma região atrás de seu olho direito e ela sentia muita dor quando chegou para nosso primeiro dia. No segundo dia, quando entrou na sala, perguntei como ela estava se sentindo. "Estou me sentindo abençoada. Sinto que tive sorte de encontrar você e essas aulas quando mais precisava de apoio." No dia seguinte, seu único comentário foi: "Tive uma noite muito curiosa".

Eu a admirei muito por nunca desistir, com um olho fechado, grata a todos e por tudo. Nós todos a abraçávamos no final de cada dia porque ela era uma grande inspiração. Hoje, Wilma está de volta à sua casa com sua família em Barbados. Ela credita sua incrível resiliência a Deus e às técnicas de pensar e falar de maneira positiva que aprendeu conosco.

Se pudesse entender como são poderosos os seus pensamentos, você jamais teria outro pensamento negativo de novo.
– Mildred Norman Ryder,
também conhecida como, a Peregrina da Paz (1908-1981)

Magia da Mente

No início deste livro, prometi a você que ensinaria uma incrível Magia do estado da Mente que lhe permitiria acessar sua mente inconsciente e mais elevada para entrar em um estado de otimismo imediato. Você está prestes a aprendê-la. No capítulo 2, você aprendeu sobre autoestima, que é o motivo desse exercício da Magia da Mente funcionar e ser tão eficiente. No capítulo 5, você aprenderá como limpar e liberar emoções negativas de modo completo em um minuto, usando uma extensão desse estado mágico. Esse exercício pode ser ensinado para crianças ou alunos e também é chamado de Estado de Aprendizado. Seus efeitos em uma sala de aula ou em um auditório são imensuráveis; todo aprendizado é inconsciente, por isso, qualquer nova informação é absorvida e integrada de maneira muito mais rápida. Nesse estado, você só pode acessar emoções de alta energia e, portanto, você pode tornar a ansiedade algo do passado!

Você pode realizar a Magia da Mente Três em qualquer lugar – em um ônibus, enquanto espera no semáforo, em uma sala de aula, em uma reunião de negócios, no dentista para se acalmar ou minutos antes de uma entrevista de emprego. Quando a usa pouco antes de uma entrevista (entre nesse estado e permaneça nele enquanto estiver sendo entrevistado), você se sente no controle e incrivelmente confiante.

Magia da Mente Três

Sentado em uma cadeira confortável com a coluna ereta, deixe a cabeça voltada para a frente com o queixo um pouco levantado. Olhe para o teto. Localize o local onde o teto encontra a parede e fixe seu olhar nesse ponto.

Agora, preste atenção ao que está à sua direita e à esquerda, sem mexer os olhos ou a cabeça. Para ter certeza de que está fazendo direito, estique os braços em suas laterais e erga-os até o nível de sua cabeça, com as palmas das mãos viradas para fora (você deve conseguir ver as costas das mãos no nível de seus olhos), e mexa os dedos enquanto traz suas mãos de volta até a altura de suas orelhas de modo que você só veja a elas. Agora, baixe-as para seu colo e permaneça ciente do que consegue ver em sua visão periférica.

Nessa altura, você começará a se sentir bastante relaxado e perceberá que sua respiração está desacelerando. Se desejar, você pode aumentar essa sensação de bem-estar mentalizando um lugar seguro e bonito na natureza.

Agora, ajuste os olhos para o nível normal, ainda usando a visão periférica e pense em sua vida cotidiana. Se estiver em uma palestra ou em uma aula, você pode continuar ciente de tudo que há em suas laterais mesmo enquanto olha e ouve o professor ou palestrante. Seu aprendizado deve melhorar de forma incrível. Esse estado mágico é perfeito para ser usado enquanto dirige; você possui aqui uma visão muito mais ampla e tem maior percepção do trânsito à frente, atrás e dos lados.

A partir de agora, toda vez que se lembrar, vá para esse estado e simplesmente lide com sua vida normal. Você irá se surpreender com a sensação de calma e controle que sentirá a cada dia enquanto aprende a acessar sua mente inconsciente sempre que quiser.

Recapitulando

Sua Mente Consciente:
1. Está ciente do que percebe
2. Está em contato com a realidade pelos órgãos dos sentidos – tato, visão, audição, olfato e paladar
3. Reúne e seleciona informações para serem enviadas para a mente inconsciente
4. Pode se comunicar com a consciência universal ou a supraconsciência (Deus/Mente Universal) *apenas* por meio da mente inconsciente – ela não tem ligação direta quando pensamentos de baixa energia ou crenças limitadoras estão presentes.
5. Testa probabilidades para decidir que ação tomar; pode pensar de modo dedutivo (você pensa em algo)
6. É uma tomadora de decisões e um juiz
7. Revê e avalia as informações, tira conclusões e apresenta essas conclusões à mente inconsciente para serem armazenadas
8. Faz generalizações; pode pensar de modo indutivo (faz você pensar)
9. Gosta de analisar e categorizar
10. Pede informações da memória inconsciente, em geral, do fundo de nosso ser; só o livre-arbítrio não basta para mudar as informações.

Sua Mente Inconsciente:
1. Opera e preserva a saúde do corpo físico (*diretiva máxima*)
2. Tem ligação *direta* com a supraconsciência/inconsciente coletivo/Deus/consciência universal
3. Armazena e organiza as memórias – ela se lembra de *tudo*
4. Armazena as emoções no corpo físico (suprimindo emoções fortes de baixa energia para apresentar à mente consciente para lidar com o problema no futuro)

5. Preserva instintos genealógicos
6. Cria e mantém padrões de mínimo esforço
7. Usa metáforas e a imaginação para criar o futuro em parceria com a mente consciente – comunica-se por símbolos
8. Aceita diretivas da mente consciente – só aceitará sugestões de alguém que *respeita*
9. Aceita coisas de modo literal e pessoal
10. Não processa comandos negativos.

Capítulo Três Plano de Ação

1. Mude! Peça aos amigos ou familiares que lhe avisem a respeito da palavra ou frase negativa que você usa com mais frequência e trabalhe para mudá-la todos os dias até que seja eliminada de seu vocabulário.
2. Ouça as palavras-chaves que outras pessoas usam quando estiver em um supermercado ou em um banco.
3. Preste atenção em todas as emoções que sentir amanhã – tanto negativas quanto positivas. Que palavra ou sentimento lhe ocorre com maior frequência?
4. Vá para esse estado da Magia da Mente Três todos os dias por 15 minutos até que se torne natural estar nele de modo constante.
5. Reveja a lista de palavras de baixa energia nos anexos e elimine-as de seu vocabulário.

Agora, você está ciente de algumas das razões que explicam por que as coisas nem sempre saem do jeito que espera. Você também está começando a entender como pode alterar, de forma ativa, seu diálogo interno para ganhar controle de sua vida e de suas emoções. Suas palavras são presentes que você dá e recebe. Você tem hoje o poder de fazer com que alguém (incluindo você) se sinta melhor a respeito da vida e deles mesmos.

Prossigamos agora para descobrirmos mais sobre o que você pode fazer para expandir seu mundo!

4

O Poder do Foco e da Intenção

Quando estiver esquiando montanha abaixo em um dia gelado, mantenha os ombros na direção de seu destino e olhe para a neve.

Se Jogue na Vida – e Se Divirta!

Aprendi a esquiar quando fui para a Áustria com quase 30 anos. O instrutor estava guiando um grupo de mais ou menos dez pessoas para descermos uma montanha gelada. Éramos todos iniciantes e precisávamos aprender em declives intermediários porque não havia muita neve naquele lugar. Os *verdadeiros* declives para aprendizes mal estavam cobertos de gelo.

Os gritos do instrutor dizendo "Cuidado com o gelo!" ressoavam em meus ouvidos conforme eu deslizava meio atrapalhada pela costa da montanha. É claro que, assim que vi o gelo, caí de bunda no chão. Contudo, gostei bastante da experiência; Na verdade, estava até orgulhosa dos hematomas em minha pele. Entretanto, toda vez que ia esquiar, depois desse dia, eu sempre acabava descendo aos solavancos cada vez que me deparava com um declive, em geral mais em meu traseiro do que sobre meus esquis. Eu achava mesmo que devia ser mais audaciosa que as outras pessoas. Isso aconteceu por diversos anos até que, um ano, quando estava esquiando com uns amigos e vi um homem descer com a maior elegância o mesmo morro de onde eu acabara de cair. Eu perguntei a ele: "Qual é o segredo? Como você evita o gelo?". "Eu olho para a neve!", ele respondeu. Parece tão simples quando ouvimos isso, não é mesmo?

O que você sonha em se tornar? O que sonha em fazer com sua vida? Você tem uma ideia clara do que deseja? O que você realmente quer? É quando falamos de nossos sonhos que damos aquele sopro de vida para dentro deles e, assim, tornam-se realidade. Você é o guardião de sua felicidade. Está na hora de acreditar nas possibilidades incríveis que pode ter, pois as possibilidades o farão se importar com o futuro. Elas inspiram esperança e esta é sempre revigorante e estimulante.

No exato momento em que respirou pela primeira vez, você já tinha todo o potencial para ser grande, e a verdadeira grandeza é medida por sua capacidade de seguir seus desejos com a máxima energia, uma intenção clara e um poderoso e confiante salto para o futuro. O entusiasmo, palavras de alta energia e a convicção abrem as portas para seu novo destino. A verdade de seu caráter é determinada pela vastidão de seus sonhos e os resultados de sucesso são determinados pela força da ligação que possui consigo e com sua mente interior. Não importa muito se seus objetivos são simples ou associados, contanto que passe cada dia vivendo realmente bem. A vida que você vive agora é o resultado de tudo que pensou ou acreditou ao longo dos anos. Como Frederick Langbridge, um escritor e padre britânico do final do século XIX, disse: "Dois homens olham pelas frestas de uma mesma grade; um deles vê a lama e o outro as estrelas".

Muitas pessoas não sabem exatamente o que querem ou por que querem, mas estão ocupadas dando um duro danado para conseguir o que querem! Elas estão todas ocupadas construindo pontes que não são necessárias porque não há rios a serem cruzados. Suas mentes inconscientes estão divagando e admirando as estrelas porque elas não são capazes de enviar um sinal claro e direto. Então, como você sabe se está no caminho certo quando emite seus desejos? Quando estabelece um objetivo com uma intenção elevada, sua mente inconsciente o avisará de forma automática se seus desejos e necessidades estão alinhados enviando-lhe mensagens.

Suas Emoções

Vinte por cento das palavras que você usa são palavras de impacto emocional. Metade desses 20% é composta de palavras negativas ou de baixa energia, sendo a outra metade de alta energia. Isso significa que você sempre tem como escolher que palavras usar para que possa receber alta energia em retorno. Na verdade, você já tem todas as respostas quando começa a pensar e a falar sobre si agora com alegria.

A simples verdade é que se você encarar as verdadeiras experiências de vida com inteligência e curiosidade, emoções ou fatos negativos se transformam em reações que pode olhar com interesse enquanto se pergunta que lições pode aprender – ou o que mais você precisa saber – para alcançar o sucesso. Prepare-se para estabelecer novas metas com clareza, energia e determinação. Assuma o compromisso de alcançar seus objetivos e ter fé no amanhã.

Antes de começarmos a conseguir para você tudo o que deseja, eu gostaria que você fizesse uma coisa: pegue uma caneta e uma folha em branco e se prepare para anotar seus objetivos. Ou abra um novo documento em seu computador. Faça isso agora, por favor. Isso é importante porque estamos prestes a começar um exercício que quero que você faça sem saber as respostas de antemão. O papel em branco está ali para lembrá-lo de que você tem a liberdade de preencher seu futuro como em um cheque em branco. Escrever os objetivos de seu próprio punho também é uma das formas mais concretas de começar a fazer com que se manifestem, pois sua mente está diretamente ligada ao seu corpo e esse registro físico faz com que sejam fixados em seus arquivos de armazenamento inconsciente. Ele também faz com que se habitue a agir antes de pensar – outra estratégia importante de sucesso.

A ação é a ponte entre os sonhos e a realidade. Pode não parecer muito confortável por um tempo, mas nem sempre as coisas são tão tranquilas quando você está crescendo, portanto, receba bem essa sensação. Você está disposto a criar sua vida de abundâncias agora? Você quer um emprego melhor ou um propósito que acrescente valor à sua vida e à vida dos outros? Está pronto para ser rico e feliz? Você sabe como alcançar o sucesso. Você já se deu bem em algum momento de sua vida.

Pessoas ricas e bem-sucedidas são exatamente como você, exceto pelo fato de terem uma estratégia diferente. Elas planejam e depois se comprometem com seus planos com a expectativa do sucesso, prontas para mudar e se ajustar ao longo do caminho. Pessoas bem-sucedidas cometem "erros" com frequência, mas os usam como forma de reação para lhes mostrar o que precisam saber, o que, de outro modo, não saberiam. De fato, quanto mais rápido e com frequência você vai pelo caminho incorreto, mais rápido consegue alcançar resultados inacreditáveis! Quase tudo o que deseja fazer ou ter já foi feito ou conseguido por outras pessoas antes. Inspire-se em alguém que já tenha alcançado algo que deseja com excelência e, então, dê um passo a mais.

Você já sabe que toda forma de comportamento, aprendizado e mudanças ocorrem primeiro em nível inconsciente e, só depois, você fica ciente deles em um nível consciente. A mudança, porém, não é o fim, mas a jornada em si. Essa é uma viagem a partir de um estado presente não muito satisfatório até outro estado ou resultado mais desejado e de prazer. A mudança por si só acontece apenas para incitar toda a energia ao seu redor, algo muito parecido com uma pedra lançada em um lago. Para que as coisas de fato aconteçam, é importante determinar seu curso em busca de um objetivo ou de um lugar específico. Adicione a essa equação um pouco de entusiasmo e antecipação e os resultados virão com mais velocidade como um lançador de foguetes. A ansiedade, a propósito, nada mais é do que a maneira de sua mente inconsciente alertá-lo de que você precisa focar de modo mais específico naquilo que quer.

O Que Você Realmente Quer?

O que foi que prometeu a si mesmo desde que se consegue lembrar? Este é momento de determinar uma data e começar seu planejamento. Prepare-se para focar com exclusividade no que deseja, a cada minuto de cada dia, para atrair sucesso para você.

Vamos abrir sua imaginação para que a mente inconsciente possa se expandir para lhe apresentar todas as respostas. A felicidade começa no reino de sua imaginação, sendo que esta é mais do que necessária para a percepção; assim, para perceber seu futuro, tudo o que precisa fazer é imaginá-lo! O que você seria ou faria se pudesse ter qualquer coisa que desejasse? Pegue aquela folha de papel e faça o seguinte exercício (com cada valor monetário em uma folha separada) para descobrir quais são seus desejos ocultos:

Alcance as Estrelas – Rico e Feliz Assim!

Eu tenho R$1.000.000,00... hoje... livre de impostos!
Eu compro_____
Duração de tempo que me ausento do trabalho é de _____
Meu novo trabalho é _____
Eu aprendo _____
As pessoas para quem dou dinheiro são ____ e a quantia é de R$ ____
A instituição de caridade que ajudo é ____ e a quantia é de R$ ____
Eu invisto R$ ____ em ações/propriedades/outros (especifique)____
Os benefícios de possuir essa quantia _____
Eu tenho R$5.000.000,00... hoje... livre de impostos!
Eu compro_____
(imaginando que já comprei todos os itens anteriores) _____
Duração de tempo que me ausento do trabalho é de
_____ Meu novo trabalho é _____
Eu aprendo _____
As pessoas para quem dou dinheiro são ____ e a quantia é de R$ __
A instituição de caridade que ajudo é _____ e a quantia é de R$ ___
Eu invisto R$ _____ em ações/propriedades/outros (especifique)__
Os benefícios de possuir essa quantia _____
Eu tenho R$1 bilhão... hoje... livre de impostos!
Eu compro_____
(imaginando que já comprei todos os itens anteriores)
Duração de tempo que me ausento do trabalho é de _____
Meu novo trabalho é _____
Eu aprendo _____
As pessoas para quem dou dinheiro são ____ e a quantia é de R$ __
A instituição de caridade que ajudo é _____ e a quantia é de R$ ___
Eu invisto R$ _____ em ações/propriedades/outros (especifique)__
Os benefícios de possuir essa quantia _____

Resultados:

Tudo o que escreveu na página referente a R$1.000.000,00 está totalmente ao seu alcance. Trabalhe em cada um dos itens e, para começar, reduza cada um deles para que comecem a se manifestar agora.

Exemplo:
Eu compro: *duas casas novas e um carro novo*
(Uma casa e troco meu carro)

Tempo afastado do trabalho: *para sempre!*
(Mudo de emprego agora!)

Tempo afastado do trabalho: *seis meses*
(Descubra um passatempo ótimo)

O trabalho novo:
(Comece a procurar cursos para se preparar para ele)

Eu aprendo:
(Comece a guardar dinheiro agora e decida a data mais próxima para começar)

As pessoas para quem dou dinheiro:
(Faça algo de bom para todos aqueles que você mencionou nesse espaço: um passeio no shopping, um elogio sincero, um buquê de flores, etc.)

A caridade:
(Doe uma pequena quantia para essa instituição)

Investimento:
(Abra uma conta poupança ou faça uma aplicação ou um seguro)

Na página dos R$5.000.000,00, você escreveu as possibilidades dos próximos cinco anos e, na página de R$ 1 bilhão, determinou o objetivo principal de sua vida (se não conseguiu pensar em nada, a propósito, comece a imaginar!) Agora, faça um contrato consigo mesmo seguindo a amostra na página seguinte.

Dinheiro, amor, fortuna, saúde e felicidade são como o ar – há mais do que o suficiente para todos durante todo o tempo em que eles vivem. Quando acorda de manhã, você sempre pensa na quantidade de ar que tem para respirar hoje? Não há razão para isso porque você sabe que existe mais do que o suficiente. Quando você acredita que sempre há mais dinheiro, amor e felicidade do que precisa, essa se torna uma profecia autorrealizável. O simples fato de poder se imaginar feliz, bem-sucedido, significa que isso está logo ali ao seu alcance.

O sucesso significa tantas coisas diferentes para pessoas diferentes que *você* precisa ser capaz de decidir o que de fato é realmente importante para você. O que você quer? Dinheiro? Prestígio? Relacionamentos felizes? Tudo isso? Você precisa saber *por que* quer que mudanças aconteçam e ser capaz de dar voz à sua intenção. Você só quer trocar de emprego ou precisa mudar de carreira? Você quer um relacionamento legal ou realmente quer amor, casamento e família?

Minha Promessa

Prometo a mim AGORA dar 100% de mim para alcançar todos os meus objetivos. Estou pronto para direcionar e estrelar nessa obra prima que é minha vida, enquanto recebo as mudanças com entusiasmo e admiração de uma criança de 5 anos de idade que ainda sou por dentro.

Prometo a mim celebrar o fato de ser quem eu sou enquanto me entrego à sabedoria maior que tenho em minha interioridade e me conecto com a fonte da vida: um reencontro feliz com o espírito.

Olho para mim e para os outros com compaixão e perdão enquanto abro todas as portas e janelas para as possibilidades infinitas de sucesso e felicidade. Reconheço e agradeço a mim por ter a coragem e a força para chegar até aqui. Também agradeço por cada lição, pois cada uma delas me revela mais de quem realmente sou.

Toda vez que me sinto menos que apaixonado pela vida, lembro-me de buscar pela beleza enquanto vejo TODOS os fatos como oportunidades para crescer.

Eu prometo seguir minha luz interior – a luz que me conecta comigo e com os outros. A meta de hoje é: relaxar e me divertir.

Minhas metas de curto prazo (para a semana) são (escolha três):

Minhas metas para o mês que vem são (escolha três):

Minhas metas de longo prazo (para os próximos cinco anos – escolha três) são:

Estou, agora, no momento de maior poder de minha vida. Esse é o ÚNICO momento em que posso começar a mudar enquanto sinto esse entusiasmo aqui dentro que me traz saúde, amor, felicidade e fortuna. Estou em casa.

Assinado: Data:

O sucesso acontece quando você se sente realizado, completo e tranquilo. No fim das contas, o sucesso não está nas coisas que você acumula ou no quanto você é magro. O verdadeiro sucesso tem por base a paz de espírito, no quanto as pessoas se lembram de você e no quanto nos sentimos e fazemos os outros se sentirem felizes. Quando perguntei às crianças na sala de aula de minha filha (todos com 7 anos de idade) o que importava na vida, elas só disseram três coisas: lar, brincar e família. Você observou enquanto fazia o exercício listando as coisas que de fato queria, que, conforme todos os seus desejos se realizavam (três casas, dez carros, um avião particular, etc.), seus pensamentos começaram a se voltar para a necessidade de buscar alicerces sólidos para o futuro? Talvez algo com que pudesse contribuir que fizesse diferença para a humanidade?

Aquilo que acredita ser verdade se torna sua verdade. Busque o que há de melhor em tudo e em todos e encontrará. Busque a igualdade, não as diferenças. A vida é fácil quando você foca naquilo que quer e age para conseguir. Você é o mestre absoluto de seu destino, por isso, prepare-se para focar no que realmente deseja. Você sabe agora que sua mente inconsciente é um vasto mar de conhecimentos, como a Internet. Conhecimentos novos estão lá o tempo todo, mas, a não ser que você se sente, ligue o computador e se conecte, você pode nem mesmo perceber a quantidade de informações disponível para ajudá-lo a encontrar soluções para se tornar bem-sucedido e feliz.

Você pode fazer essa conexão com o sucesso com facilidade por meio de sua própria Internet *interior* se disser ou pensar com clareza nas suas intenções com palavras dinâmicas que afirmam o que você realmente deseja. Quando age de modo assertivo, com forte interesse nos resultados que consegue, você se torna mais flexível e continua a encontrar soluções novas e ainda melhores.

Determinar as Metas para Alcançar Resultados Rápidos

A clareza de metas é sua passagem para as estrelas. Seu inconsciente acredita nas palavras que você usa, tanto com você como para as outras pessoas, para entender o que deseja como suas intenções. Assim, se você pensa em saldar dívidas, você vai conseguir contrair mais dívidas. Pense em ganhar dinheiro e, como resultado, conseguirá ganhar mais. Fazer a si algumas perguntas importantes faz com que você de fato foque em coisas específicas e, quanto mais específico for, mais fácil e rápido alcançará os resultados. Vamos começar passando para o papel uma coisa bastante simples que você quer muito. Vá lá! Pegue o papel e escreva. O plano é realizar uma pequena ação em direção à sua meta em até uma hora. Depois disso, vamos dar um passo mais largo em busca de algo maior e melhor. Independentemente do objetivo ser grande ou pequeno, siga o processo: *Motivação, Intenção, Ação, Expectativa, Flexibilidade e Gratidão.*

Motivação

Pergunte-se por quê: Qual o propósito específico? Por que quero que isso aconteça? Porque eu quero (ser, fazer ou ter)... Cuide para que sua motivação esteja caminhando de modo positivo em direção à sua meta, e não para longe dela. Por favor, fique atento de que "Porque eu não quero..." é uma forma de motivação "contrária". É o mesmo que dirigir um carro olhando pelo espelho retrovisor.

Intenção

O que, exatamente, pretende alcançar com esses resultados? Para essa pergunta, responda algumas outras questões:

- De modo bastante específico, o *quanto* eu quero que isso aconteça?
- *O que* posso fazer com isso assim que conseguir?
- *Que* satisfação isso me proporcionará?
- *Quando* espero alcançar isso (data exata no prazo de um ano)?
- *Quem* está comigo? Isso é só para mim?

Ação

Responda às seguintes perguntas:

- *Como* começo? *Qual* é o primeiro passo?
- *Quando* eu começo? *Que* ação específica posso usar para começar hoje?

Expectativa

Desejo, entusiasmo e expectativa dinâmica são como você vivencia a excitação que lhe permite acelerar essa corrida para o sucesso. Uma emoção forte atrai tanto o olhar de sua mente inconsciente quanto de Deus. Quanto mais feliz for a emoção que o acompanha, mais rápidos e melhores serão os resultados. Pergunte-se, *quanto* eu quero isso? A resposta é mais ou menos, quero sim ou quero tanto que já consigo até sentir o sabor? Eu vivo, respiro e foco em como eu posso alcançar isso todos os dias. Eu estou sempre pensando em maneiras novas, melhores e mais divertidas para fazer com que algo aconteça.

É claro que você sabe a resposta correta. Mantenha seus sonhos vivos com alegria e vivacidade. Quando os sonhos se tornam trabalhosos demais, perdem a cor e o impulso desacelera. Faça-se essas perguntas:

- *Como* eu sei quando já se realizou? Isso se trata de algo real: um anel, uma viagem de avião, um bebê em meus braços. "Eu vou me sentir bem" não é específico o suficiente.
- *Que* satisfação emocional isso me proporciona?
- *Qual* é a palavra emocional que me faz acender por dentro? Seria felicidade, entusiasmo, exuberância ou a sensação de *eu consegui!*? Seja exato.
- *O que* torna isso emocionante? Um som, uma cor, um sentimento, uma sensação, um cheiro, um sabor?
- *O que* mais é emocionante nisso?

Flexibilidade

Os vencedores encontram o caminho fácil e estão sempre mudando. Pequenas ações fazem com que todas as tarefas se realizem mais rápido, por isso, para cada etapa do processo, planeje para finalizar cada pequeno passo (um telefonema, uma roupa nova, uma hora de alimentação saudável). Adicione alguns passos a mais conforme decide fazer escolhas ainda maiores.

Quantos passos preciso dar para chegar lá?

O primeiro número que vem à cabeça é...? Anote cada passo.

Trabalhei com crianças em uma escola de educação especial na África do Sul onde os meninos e meninas, entre 5 e 9 anos de idade, haviam sido diagnosticados como sendo extremamente descoordenados e com elevado transtorno de atenção. Eles eram designados para professores particulares individuais que, além de ensinar, também cuidavam deles, fazendo um relatório escrito a cada minuto para calibrar o quanto as crianças conseguiam se concentrar conforme elas eram tratadas. Os tratamentos incluíam atividades como engatinhar pela academia para estimular a coordenação das mãos e dos joelhos, além de exercícios mais divertidos com desenhos e cópias. Foi incrível o quanto de mudanças aconteceram em apenas uma semana. Os professores mantinham registros de seus progressos e descobriram, por meio de uma observação atenta, que as crianças eram capazes de se concentrar duas vezes mais com atenção individual – dois minutos em vez de um minuto, em alguns casos. Os elogios que as crianças recebiam trouxeram melhorias impressionantes, sendo que muitas delas já conseguiam apresentar padrões normais de comportamento e de atenção em menos de seis meses.

Gratidão

A gratidão expande seu sucesso de modo exponencial porque toda forma de agradecimento é uma emoção de alta energia. Todos os dias, escreva em um caderno de agradecimentos ou em uma agenda como se sente grato por tudo que tem de bom *e* de não tão bom assim. O não tão bom serve apenas para indicar que situações precisam de mais ponderação e ação. Portanto, encare qualquer obstáculo como um sinal de que está indo para a frente. Cuidado com antigos padrões que ressurgem e mude-os conforme avança.

Qual é a eficiência desse estabelecimento de metas? Se tornar seu objetivo específico o suficiente com palavras claras e emoções fortes, verá resultados em menos de um dia. Como sabe disso? Você simplesmente se sente bem e com mais esperança em relação à vida. Você sentirá vontade de planejar fazer algo divertido, porque quando sua mente inconsciente é clara nas instruções, ela o estimula a partir para a ação enquanto faz o trabalho necessário para o alcance de seus resultados.

O Fortalecimento das Palavras

Christl fez o treinamento de sete dias que ensinei a respeito do fortalecimento das palavras chamado "Mude Suas Palavras, Mude Seu Mundo". Ela me enviou um e-mail três semanas depois:

"Mude suas Palavras, Mude seu Mundo" me convenceu do que eu precisava fazer para levar uma vida mais feliz e mais saudável seguindo uma fórmula simples de mudar minha maneira de falar deixando de lado a negatividade e adotando palavras positivas. O resultado? Estou mais calma. Minha mente presta menos atenção aos cenários de pior caso em que eu costumava ponderar de forma interminável. Eles ficaram no passado com as minhas palavras negativas. Na verdade, o exercício me forçou a viver no presente, no Agora, o que ajuda a me concentrar nas coisas que digo. Tem sido incrível perceber como as cores das flores no meu jardim se realçaram; como o tempo que passo com minha mãe tem se tornado muito mais significativo. Presto mais atenção no que meus amigos dizem. Estou muito feliz.

Então, você está pronto para o grande objetivo? Faça com que sua próxima meta seja tão grandiosa que, quando alcançar o que deseja, terá certeza que esse é o melhor livro que já leu em sua vida! Basta desenhar uma linha do tempo mais longa, para que, assim, sua mente inconsciente possa aproveitar toda a energia que você emite. Ouse querer mais.

O Fator Aleatório

Vamos deixar as coisas mais interessantes e oferecer sugestões mais conscientes para seu futuro e deixar que sua mente inconsciente decida o que ela quer que você note. Em sua agenda, de maneira bastante rápida, escolha quatro ou cinco dias do mês seguinte. Marque-os. Em seguida, nos dias escolhidos, escreva no topo das páginas algo como: "Ótimo dia!" ou "Dia Incrível!" ou "Dia feliz!" "Esse é o dia em que receberei boas notícias! Uma carta, um telefonema ou uma mensagem hoje."

Crie algumas frases que fazem você se sentir mais otimista. Uma vez por dia, durante o mês inteiro, dê uma folheada, leia os comentários e, de verdade, imagine o que irá acontecer. Às vezes, nos estágios iniciais desse exercício, você receberá a resposta um dia depois, mas quanto mais pratica, mais clareza e exatidão terá em suas manifestações.

Visualização: A Força de Sua Mente

O poder do pensamento é *inacreditável*. Há alguns anos, eu precisava muito vender uma casa que tinha reformado com meu ex-namorado. O dinheiro que não tínhamos só aumentava, juntamente com todos aqueles sentimentos de baixa energia. A casa, um lindo galpão vitoriano com uma alta galeria, janelas com vitrais, sancas e inúmeros detalhes, já estava no mercado desde outubro com poucas pessoas interessadas. Já estávamos em fevereiro (na Inglaterra fria, úmida e chuvosa). Sentei-me um dia e decidi determinar uma data de "venda". Era a última data possível que eu gostaria de deixar a casa. Criei uma imagem em minha mente de uma carta que dizia "Parabéns! Você acaba de vender "O Estábulo" por um valor acima do esperado." A data no topo da carta era domingo, 22 de maio.

O mês de março chegou e se foi. A Páscoa chegou e nada. Trocamos de corretor, e toda vez que via a placa de "Vende-se", eu visualizava meu pequeno cenário com a carta e imaginava a palavra "VENDIDA" escrita sobre as letras da placa.

Uma série de pessoas foi ver a casa, mas nada de negócio. Por fim, em um final de semana em maio, uma enxurrada de visitantes chegou. Um homem entrou, apertou minha mão e disse: "Eu ofereço o valor fechado que você está pedindo – Adorei a casa. Vou agora mesmo até a imobiliária para assinar o contrato". Fiquei extasiada. "Rápido, que dia é hoje?", perguntei ao meu ex-namorado. "21 de maio", ele respondeu. "Olha, muito bom!", eu disse. "Um dia antes!"

No dia seguinte, outro homem apareceu para dizer que também tinha adorado a casa. "Outra pessoa já nos ofereceu o preço total", eu disse a ele.

"Eu ofereço um valor acima do pedido", ele disse, "e quero me mudar para cá até o dia 1º de junho", a nove dias daquela data. Era o dia 22 de maio! A propósito, a oferta do homem do dia anterior acabou não dando certo. Parece que ele nem sequer chegou a ir até a imobiliária falar com nosso corretor.

Será que eu engendrei essa data e o preço? Será que fui capaz de antecipar o futuro, ou plantei o pensamento para o futuro? O que importa? O fato é que a visualização de alta energia realmente funciona! Sua mente inconsciente pensa por meio da imaginação e de imagens e, quando você as visualiza, sente, respira, saboreia, toca, cheira e ouve, sua mente de fato acredita que sua visualização é a realidade e o guiará diretamente até ela. Você pode mergulhar no futuro e "se lembrar" de acontecimentos futuros. A forma de tornar isso ainda mais fácil para si é garantir que suas visualizações e metas sejam *intensos, reais e grandes*, com uma data e uma hora que sejam críveis para a mente consciente. Use sua incrível inteligência criativa inata para criar excelência e magia.

Magia da Mente Quatro

Um Mergulho no Futuro

Você pode fazer esses exercícios mentalmente conforme lê, ou gravar os roteiros e depois visualizar da maneira mais intensa que puder.

Imagine que está em sua sala de cinema particular, pronto para assistir a um filme que você mesmo está dirigindo. Deixe a sala o mais confortável possível (sofás ou cadeiras macias, um carpete luxuoso – crie-o do jeito que quiser). A tela está à sua frente. Use o controle remoto que está em sua mão para diminuir as luzes e começar o espetáculo.

Em primeiro lugar, imagine-se observando na tela lembranças da *obra* de sua própria vida em preto e branco. Faça com que esse seja um início muito divertido. Você, talvez, ouça uma voz dizendo, "E esta é a vida de: _____ (seu nome) até aqui!" Rápidos lances de episódios anteriores de sua vida começam a passar. É claro que, assim como em qualquer grande produção, há drama e empolgação (*pausa*). Ouça, então, a voz perguntar: "O que foi aprendido? (*pausa*) O que foi realizado? (*pausa*) É chegado o momento de prosseguir? O que o futuro lhe reserva? Continue conosco para as cenas seguintes". De repente, você se vê na tela, rindo, parecendo feliz e com saúde, vivendo em um lugar maravilhoso com pessoas que ama, trabalhando com algo que adora fazer que lhe dá prazer e lhe permite ajudar outras pessoas.

Uma data aparece no canto superior direito da tela. Um dia e um mês em um futuro próximo, nesse mesmo ano. A data pisca diversas vezes de modo vívido. Você percebe que o programa que tem nas mãos mostra a mesma data.

Sinta-se sendo levado para dentro da tela. Você sabe: quando se sente tão absorto por um filme que parece que faz parte dele, olhando através de seus próprios olhos. Quem está ali com você, ou está sozinho? Realce as cores e sinta o que puder, ouça tudo o que conseguir. Toque, cheire e saboreie o momento enquanto sente tudo isso na pele. Onde está essa sensação em seu corpo? Há movimentação no filme ou parece ver uma imagem mais estática? Você tem uma sensação de liberdade ou de diversão, ou as duas coisas? Permaneça ali até que possa de verdade sentir como sendo uma experiência sólida.

Feche os olhos e sinta que está de volta à sala, observando-se feliz e vivo na tela. Respire fundo e com satisfação sorrindo por dentro. Pouco antes de o filme terminar, qual é a última coisa que deve acontecer para fazer com que sinta que a história tem um final feliz?

Talvez você se perceba ouvindo as pessoas aplaudindo com alegria por gostarem muito do filme. Conforme as luzes voltam ao normal, você poderá observar as pessoas parabenizando-o, com abraços ou apertos de mão.

Magia da Mente Cinco

Para esse próximo acontecimento, decida em que momento espera que o fato ocorra. Lembre-se de anotar o momento *exato* – dia, mês e ano. Feche os olhos. Agora, imagine vendo-se em um cenário normal. Observe-se enquanto pega uma carta em sua caixa de correio.

Sinta como se pudesse ver tudo com seus próprios olhos. Abra a carta e "prepare" a câmera para focalizá-la de perto.

Mais uma vez, observe a data no topo da carta. Em seguida: "Parabéns!"

"Você, _____, (seu nome) conseguiu!

"Você _____ (escreva aqui o acontecimento)!" Por exemplo:

Você ganhou na loteria!

Você vendeu sua casa!

Você acaba de ficar noivo(a) da pessoa mais incrível do mundo!

Você venceu todos os obstáculos e pode se considerar em forma e com saúde!

Você conseguiu o emprego!

Imagine a cena se desenrolando conforme sai da imagem, flutuando por cima de tudo e assistindo à sua felicidade enquanto sorri e entra em sua casa nova; imagine-se no dia de seu casamento, cercado por amigos e familiares, ou veja o momento em que aperta a mão enquanto recebe a oferta daquele ótimo emprego. Depois disso, imagine-se girando e olhando em sua própria direção e peça à sua mente inconsciente que alinhe todos os eventos de hoje até esse momento. Cruze os braços no centro do peito, respire fundo e solte o ar enquanto abre os olhos.

Repita essa visualização uma vez por dia, de preferência pouco antes de dormir, para que sua mente inconsciente seja programada para obter resultados de alta energia. A coisa mais importante a ser lembrada em sua visualização é que deve dissociar-se no final e se imaginar como seu próprio observador – para que a mente inconsciente saiba que aquilo ainda não aconteceu. A manipulação, a propósito, não funciona com esse exercício e, por isso, se algo não for para seu bem supremo, poderá não se realizar. Por exemplo, se deseja se casar com Tony ou Jane e Tony ou Jane não estão interessados em você, visualizar um casamento com ele ou ela pode não dar certo (nós todos temos liberdade de escolha).

Portanto, use seu encontro como um ponto-chave. Se Tony ou Jane não demonstrarem interesse algum até a data imaginada, mude o cenário para "Parabéns! Você acaba de ficar noivo(a) com o homem (ou mulher) perfeito para você!". Estabeleça uma nova data. Quando se abre para infinitas possibilidades, em geral você torna real muito mais do que sonhou.

Palavras para uma Infinidade de Possibilidades

Em primeiro lugar, sente-se e faça a Magia da Mente Três. Ao final, respire fundo e solte o ar enquanto direciona sua mente inconsciente:

Liberte-se de todas as crenças que não lhe são solidárias e de todas as decisões que limitam sua existência e que impedem seu sucesso e felicidade absoluta, enquanto preserva todas as lições positivas aprendidas. Sim! Sim! Sim!

Em seguida, faça o mesmo processo de antes.

Dale, uma operadora de telemarketing, estava muito ansiosa para participar do meu treinamento de sete dias para mudar o direcionamento de sua carreira. Ela não tinha o dinheiro antecipado para pagar pelo curso, por isso, sugeri que ela me pagasse com cheques pré-datados. Ela agarrou a chance com unhas e dentes.

Duas semanas antes de o curso começar, Dale pagou o preço total do treinamento em um único pagamento quando um desembolso anual chegou de maneira inesperada de seu consultor financeiro. Na mensagem que recebi por telefone, ela dizia: "Surpresa! Olhe sua caixa postal!".

Mais tarde, ela me contou: "Sete dias mudando meu jeito de falar e pensar de modo muito mais divertido me fezeram entender que basta eu saber perguntar de forma clara com a intenção certa para que meus desejos se tornem realidade".

Entretanto, até eu fiquei espantada quando Dale, que o tempo toda se mostrava cautelosa demais, apareceu no primeiro dia com um carro novo porque, do contrário, ela teria que viajar três horas para vir e voltar, todos os dias, se quisesse participar do treinamento! Ela simplesmente decidira ter fé exatamente da maneira que eu a ensinara. Eu não sabia que podia ser tão convincente. Assim, mesmo antes de começar o curso, tudo passara a se encaixar e se realizar para ela.

Adoro essa magia das palavras de alta energia! Mudar a vida das pessoas para melhor só pode ser o melhor trabalho do mundo.

Quadro de Visualização

O Quadro de Visualização ou Roda da Fortuna é uma forma muito poderosa de criar algo maravilhoso – e funciona! Meus sinceros agradecimentos à minha querida amiga Colette Baron-Reid (intuitiva, intérprete musical e autora de sucesso) por essa dica.

Em uma folha de papel cartão ou cartolina, divida um círculo em partes, como em um gráfico com a forma de torta, e escolha um foco para cada uma das seções: família, saúde, sua vida amorosa, viagens e lazer e, claro, sua carreira, dinheiro ou sua casa. Desenhe limites bem claros por todos os lados do quadro. Esse detalhe é muito importante: ele serve como um "corpo" ou um recipiente, que dá forma simbólica aos conteúdos escolhidos. Em cada um deles, cole desenhos, gravuras ou fotos reais (podem ser recortadas de revistas) – coisas que sente que simbolizam as excelentes condições e resultados para cada categoria. Escreva uma data embaixo de cada foto ou desenho que esteja dentro de um prazo dos próximos 12 meses.

Adicione afirmações, declarações detalhadas daquilo que deseja realizar, referindo-se a elas como no tempo presente do AGORA, como se já tivessem acontecido. Coloque o quadro sobre uma porta ou uma parede onde possa vê-lo todos os dias. Leia-o diariamente para ajudar a estimular que esses pensamentos se tornem imãs e os mantenham bastante consistentes. *Você obterá resultados!*

Rico e Muito Feliz Assim

Quando deve começar? AGORA! AGORA! e AGORA! mais uma vez. O momento certo é sempre o agora. Esse é o minuto mais poderoso de sua vida, quando tem a oportunidade, nesse instante, de fazer seu futuro acontecer.

O dinheiro nada mais é do que uma troca de energia; quanto mais energia gastar para fazer com que algo aconteça, mais sucesso (e dinheiro) recebe de volta. Use seus próprios talentos naturais, juntamente com uma linguagem, pensamentos e ações que o façam sentir bem, para trazer-lhe o sucesso que é seu por direito. Basta seguir essas chaves simples para obter a felicidade financeira.

1. **Ame-se.** Ande com o queixo erguido, fale e aja como um Príncipe ou Princesa. Olhe-se no espelho todos os dias e diga: "Lindo (a)!" O verdadeiro fundamento do dinheiro e da prosperidade é a autoestima. Sim, eu sei que há pessoas ricas sem amor-próprio. No entanto, você quer ser rico *e* feliz, não é?
2. **Preste atenção em seus pensamentos e se comprometa em pensar com clareza, com intenção objetiva e uma ação correspondente.** Decida mudar os pensamentos e seu modo de falar para se transformar em um imã de sucesso e poder.
3. **Jogue para vencer.** Alcance as estrelas. Certifique-se de fazer com que tudo e todos se beneficiem de suas ações.
4. **Exija atenção positiva.** Nós todos adoramos e ansiamos por atenção, por isso, diga todos os dias: *chegou minha hora de ganhar atenção de maneira saudável e positiva que pode me proporcionar paixão, força e realização constantes.*

5. **Leia livros motivacionais, ou ouça gravações de sucesso** (visite minha página na Internet *www.YvonneOswald.com*, para dicas de ótimos CDs que falam de prosperidade, autoestima e abundância).
6. **Comemore quando outras pessoas se derem bem** para que quando atingir seu sucesso outros possam se sentir felizes por você também.
7. **Cerque-se de pessoas fortes e de alta energia**. Frequente uma academia de ginástica ou um clube de tênis ou golfe onde pessoas bem-sucedidas costumam estar.
8. **Encontre soluções simples.** Em uma folha de papel, relate situações e escreva possíveis soluções ou maneiras para que se tornem mais fáceis. Decida-se a fazer uma delas e comece a agir! Caso não veja soluções viáveis no momento, tome a decisão de pensar a respeito da situação mais tarde e se esqueça do assunto por um tempo. Confie que sua mente inconsciente o ajudará com uma nova solução no prazo de 24 horas.
9. **Peça ajuda.** Isso dá a alguém a chance de se sentir bem. Seu presente a elas é permitir que lhe deem um presente.
10. **Divirta-se ganhando dinheiro**. Perca as estribeiras vez ou outra e esbanje um pouquinho para que possa sentir a sensação de abundância. Abra uma garrafa de um vinho especial para comemorar sem comemorar (pelo simples fato de que pode fazer isso).
11. **Arranque de dentro de si todas as qualidades e padrões de baixa energia** como se estivesse tirando ervas daninhas de um jardim. Sempre que observar qualquer traço de algo não admirável, mude de direção.
12. **Não deixe de agradecer todos os dias** por tudo o que tem e se congratule por quem você é e por tudo que está conseguindo fazer. Só você pode cuidar de sua felicidade.

Crie Seu Próprio Mundo Novo

Reconecte-se agora mesmo com toda a abundância de alta energia de emoções, entusiasmo, amor, paixão, alegria, felicidade, compaixão por si mesmo e pelos outros. Pessoas bem-sucedidas tomam muitas decisões e as executam com agilidade. Você aprende com tudo que acontece e resulta de suas decisões e decide o que mais precisa para saber como fazer para que o sucesso aconteça. Você acredita, do fundo do seu coração, naquilo que está fazendo. Vive sua vida com paixão e força. Para ser bem-sucedido de verdade, os resultados que você produz (sejam financeiros, emocionais, físicos ou mentais) beneficiam não somente a você, mas a outros ao seu redor (uma situação em que todos saem ganhando), inclusive nosso planeta.

Você é responsável. Você decide que, mesmo que algo não seja sua "culpa", ainda assim pode fazer algo para consertar e mudar, tornando-se totalmente empoderado. O medo e a dúvida são emoções do cérebro intermediário. Essas emoções inibem o sucesso, pois ele está na mente superior – no córtex cerebral, a mente da imaginação – onde o sucesso se origina.

Você pode acreditar em "destino" ou "azar," ou pode decidir agora que, mesmo que o destino aconteça, ainda assim, você tem escolhas. Você pode estar em harmonia com Deus ou com o universo, ou não. Por um mês (ou pelo resto de sua vida) pense nos acontecimentos da vida como um espelho. Se enxergar ali alguém que está com raiva, pergunte-se com quem ou com o que *você em si* está com raiva. Se encontrar uma pessoa feliz e bem-sucedida, parabenize-se. Se as coisas não estão bem, pergunte-se: "Que lição isso está me ensinando, ou o que posso aprender com isso? O que mais preciso saber? *E o que posso fazer a esse respeito neste momento?"*

Essa é a parte mais importante, porque ser responsável significa tomar uma atitude *toda* vez de modo a estar sempre indo em direção ao seu sucesso. O entusiasmo e a curiosidade são qualidades que espero que você manterá por toda a sua vida. Dê 100% de você em todas as áreas de sua vida e aproveite dessas incríveis ferramentas que lhe trazem satisfação e alegria. A vida é uma dança.

Como diz o capitão Jean-Luc Picard, da USS *Enterprise* de *Jornada nas Estrelas*, *"Então faça!"*

Recapitulando

1. Inspire-se em alguém que admira, ou se espelha, e que seja bem-sucedido. (Lembra-se da história do Bom Rei Venceslau? O pajem caminhou pisando sobre as pegadas do rei para andar pela neve com mais facilidade.) É mais fácil copiar um

modelo do que criar outro totalmente novo. Seja sempre verdadeiro para com seus valores.
2. Seja apaixonado. Ame *tudo* o que faz o tempo todo, mas quando não amar, aceite a lição e aprenda com ela.
3. Sonhe grande. Busque novas oportunidades todos os dias. Aja para fazer com que as coisas aconteçam.
4. Seja específico e realista. Arrisque-se e corrija os erros ao longo do caminho.
5. Seja generoso e gentil consigo todos os dias. Aventure-se quando prova todas as outras emoções, estados de espírito, alegria, felicidade, amor, paixão, poder, bondade, diversão e prazer.
6. Siga o processo:
   - *Motivação* – Por que quero isso?
   - *Intenção* – Qual é o verdadeiro objetivo?
   - *Ação* – Como posso conseguir isso? Qual o primeiro passo?
   - *Expectativa* – Que emoção me faz saber que quero isso mesmo?
   - *Flexibilidade* – Planejo da melhor forma e mudo de direção enquanto vou
   - *Gratidão* – Sou grato por todas as mudanças, boas ou não.
7. Viva da melhor maneira que puder. Dê 100% sempre que jogar, trabalhar, descansar, exercitar-se, alimentar-se de modo saudável, comunicar-se e se divertir!

Você tem uma escolha a cada manhã quando acorda. Pode escolher deixar apenas o dia passar ou escolher assumir a direção e planejar cada novo dia para criar uma obra-prima.

Capítulo Quatro Plano de Ação

Chaves para o Sucesso e da Felicidade
   1. **Permaneça Motivado**.
      Use a primeira meia hora após acordar ancorando um estado de alta energia. Lembre-se de todos os momentos mais felizes de sua vida. Levante-se 15 minutos mais cedo para fazer exercícios, meditar, fazer auto-hipnose ou ouvir CDs motivacionais.

2. **Priorize. Seja automotivado**.

    Se a lista de obrigações diárias é longa, cuide das três metas prioritárias. Observe qualquer técnica de distração na forma de "ocupado" por trabalhos que se vê fazendo ou quando se envolve nos dramas de outras pessoas. Agradeça sua mente inconsciente por tornar-lhe ciente, e retome o plano!

3. **Foque no que deseja e precisa**

    Anote suas três metas diárias simples para torná-las reais. Leia-as em voz alta para soprar vida nelas. Concretize mais de três, e você ganha pontos bônus. Parabéns!

4. **Crie novas oportunidades.**

    Telefone para as pessoas. Matricule-se em cursos, em especial algo que nem pensaria estudar – dança do ventre, escalar montanhas – e saia da caixa! Filie-se à Câmara do Comércio e a outros grupos de pessoas empenhadas em *alguma causa*. Seja criativo. Faça algo. Decore sua casa ou dê uma repaginada no visual.

5. **Tire um tempo de folga.**

    Escreva "TEMPO MEU" em sua agenda e reserve pelo menos meia hora para si. Alongue-se e respire por dois minutos. Sirva-se um café ou um chá especial. Ouça música. Dance ou se divirta por cinco minutos. Tome um banho ou uma ducha quente.

6. **Seja produtivo.**

    Faça uma ligação que precisa fazer. Pague uma conta que precisa ser paga. Faça dez minutos de exercícios. Coma novos alimentos de cores diferentes (o mínimo de alimentos marrons possível). Agradeça alguém. Elogie alguém. Lembre-se que sua mente inconsciente pensa que você está falando de si.

7. **Agradeça por três ou mais coisas hoje.**

    A gratidão é um sentimento expansivo que abre as portas e janelas para as manifestações de felicidade. Agradeça pelo brilho do sol, os pássaros cantando, sua casa, seus talentos e as pessoas especiais em sua vida. Pergunte-se: "Pelo que sou grato agora?" a toda hora. Se a resposta for "Nada", então, agradeça a si pela informação recebida e tome a decisão de encontrar algo pelo qual agradecer.

8. **Acredite.**

    Tudo aquilo em que acredita e percebe torna-se sua realidade que você, então, acredita e percebe! Está na hora de decidir acreditar naquilo que está dando certo e, se algo não estiver funcionando, perceba que existe algo que talvez precise mudar.

9. **Escolha o hoje.**

    Foque nos padrões de linguagem afirmadores da vida, atitudes de alta energia e ações voltadas para o sucesso. Use, de modo consciente, palavras de alta energia como sucesso, felicidade, alegria, otimismo, risada, prosperidade e saúde em suas conversas diárias.

10. **Recompense-se e se divirta.**

    Desfrute a vida. Antes de se deitar, pergunte-se: "O que fiz de bom hoje? O que não fiz bem? Por que escolhi criar essa situação? Que recompensas me ofereci hoje? O que posso fazer amanhã que me fará mais feliz?". Diga a si: "Estou muito ansioso pelo grande dia que terei amanhã! Amo a vida".

11. **Abuse dos biscoitos da fortuna, sem as calorias!**

    Escreva várias afirmações em tiras de papel, dobre-as duas vezes e coloque-as em um cesto ou uma tigela. Escolha um deles toda manhã, leia a mensagem em voz alta e repita-a sete vezes durante o dia. Você também pode colar essas afirmações perto de um interruptor de luz, ou em um espelho, ou em qualquer outro lugar que veja ou toque em base regular. Espere grandes resultados.

12. **Viva com alegria.**

    Viva em um constante estado de exuberância – de coisas maravilhosas acontecendo. Divirta-se.

5

O Poder do Desapego

Suas emoções são como uma orquestra, com sua mente inconsciente representando o maestro, o medo o címbalo e a raiva o grande tambor.

A orquestra de seus sentimentos pode ser doce e harmoniosa ou produzir um som confuso que mais parece o caos. Basta um único instrumento desafinado para causar uma interrupção do fluxo da música. Quando está em sintonia consigo e com seu destino, sua orquestra interior fica sincronizada, formando uma coerência dinâmica de emoções de alta energia que produzem endorfina em seu corpo biofísico, fazendo com que se sinta extremamente bem e permitindo que sua imaginação ressoe.

Você estabelece um padrão de atração com seus pensamentos e palavras – um campo de força magnética de energias buscando por outras energias similares. Você é um buscador nato. Suas redes neurais mais profundas estão programadas para completar padrões. O que você será capaz de alcançar quando tiver nas pontas dos dedos os vastos recursos do universo quântico simplesmente emitindo uma palavra ou um pensamento? Qualquer coisa? Tudo!

Palavras Desencadeiam Emoções

Todas as suas reações emocionais são valiosas, inclusive as de baixa energia que você preferiria não ter, como raiva, tristeza, medo, culpa e ansiedade. Cada uma delas tem sua função para assegurar a sobrevivência, tanto individual quanto coletiva, como espécie. As emoções nada mais são do que informações – rótulos que damos às sensações produzidas pela mente inconsciente em reação a uma palavra, pensamento ou fato. Cada palavra que você fala ou pensa tem no mínimo três cadeias de significados associados a ela, algo muito semelhante àquelas fieiras de luzinhas das árvores de Natal: 1) uma cadeira representa suas próprias sensações individuais, baseadas nas suas memórias dos fatos; 2) outra cadeia é resultado de nossas sensações herdadas geneticamente; e 3) a cadeia baseada no inconsciente coletivo, ou memória grupal.

A palavra "mãe" tem uma cadeia diferente de significado para você ou para mim, assim como "pai," "irmã" e "avó". Quanto maior a intensidade da emoção associada à palavra, maior o impacto causado em nossas estratégias de tomadas de decisões. A palavra "cadeira", por exemplo, possui uma série muito mais limitada de significado para a maioria das pessoas e, de modo geral, não desencadeia sensações profundas. As emoções compõem o sistema diário que sua mente inconsciente usa como um sinal de que você está sintonizado ou não. Seus sonhos são uma das formas que seu inconsciente usa para tentar comunicar esse equilíbrio e escolher sensações subjetivas.

Por mais que gostaríamos de acreditar que usamos a lógica para tomar decisões, cada descisão que tomamos se baseia em uma necessidade de produzirmos um resultado satisfatório – em outras palavras, para fazer com que nos sintamos melhor. As emoções podem contornar o filtro de sua mente consciente porque elas são instintivas. Elas subjazem tudo o que você faz. Elas são suas mensageiras da mente, seu papel decisivo da vida. Basta observarmos um bebê para descobrirmos a velocidade com que as emoções podem ir e vir.

Caso seus pensamentos sejam interrompidos por um pensamento negativo ou por uma crença limitadora, o sinal de alerta se apaga e resultados inconsistentes são gerados. Quando algo *não* vai bem, independentemente do quanto acredite que possa controlar a situação de maneira consciente, sua mente interior lhe enviará um sinal instantâneo manifestando o que ela acredita ser a emoção correta para aquela circunstância ou evento. A tecnologia por trás dos detectores de mentira se baseia nessa breve conexão mente/corpo.

Sensações fortes ou intensas também interferem na transmissão do sinal correto de comunicação. Dependendo de como as informações são armazenadas e do que é distorcido, deletado ou generalizado, a palavra ou pensamento já traz emoções atreladas e, assim, sua recuperação pode produzir alguns resultados interessantes. Todos nós já tivemos experiências, talvez em uma cerimônia de casamento ou em um velório, em que uma quantia irracional de emoções emerge diante de algo que alguém disse de maneira bastante inocente.

Outro momento em que a mente inconsciente busca e produz uma reação inadequada acontece quando os filtros de nossa mente consciente são resistentes demais. A razão disso pode estar no fato de você ter tomado uma decisão não apoiadora no passado, ou por ter, de algum modo, instruído o inconsciente de que estava em risco ou que sua sobrevivência dependia de você estar certo. Isso não significa, necessariamente, que você *está* certo, mas apenas que acredita estar!

Então, como você usa esse saber em seu benefício? Você se lembra que no capítulo 2 falamos sobre a variável oculta do campo quântico potencial, que, quando ativada, atrai incríveis possibilidades futuras? No reino das emoções, ela é o coringa da *excitabilidade dinâmica*. Quando está excitado, você aumenta e acelera suas chances de sucesso. Hiperestimulação não é o mesmo que excitação, a propósito. Emoções de excitação incluem o entusiasmo e a paixão, mas também incluem a raiva e o medo; é por isso que temos a impressão de estarmos atraindo muito mais acontecimentos negativos quando se sente deprimido. Na realidade, também atraímos mais vivências positivas quando estamos animados, mas não percebemos na mesma proporção porque simplesmente estamos nos sentindo bem.

Há quatro tipos de emoções:

1. *Emoções revigorantes positivas* como excitamento, paixão, ardor, desejo, euforia, êxtase, inspiração, alegria e amor, que sempre o levam a lugares de otimismo e o motivam a seguir adiante para agir.
2. *Emoções estimulantes negativas* como raiva, ódio e medo, que têm um efeito estimulante temporário, mas produzem resultados extremamente inconsistentes, às vezes o impulsionando a ir adiante, mas com a mesma frequência para trás ou para baixo.
3. *Emoções extenuantes negativas* como inveja, desespero, tristeza, depressão, aflição, remorso, vergonha, dor e culpa, que desaceleram ou interrompem qualquer ação, progresso ou resultados.

4. *Emoções neutralizantes* como ansiedade, arrependimento, inquietação e indecisão, que servem para produzir inércia e imobilização de ação.

Qualquer palavra, pensamento, emoção ou crença de baixa energia interfere e interrompe seu acesso ao amor, alegria e abundância (aquelas nuvenzinhas que voltam a esconder o brilho do sol). O sucesso, então, torna-se imprevisível. Outro fator que também age como inibidor da felicidade é a crença de que o medo, raiva, culpa, insegurança e antigas decisões limitantes são reais. Essas emoções do cérebro intermediário são uma realidade linear – uma ilusão. Só estão ali para nos avisar de que uma nova atitude é necessária.

Quando se abre para a ideia de que essas antigas emoções de baixa energia não existem de verdade, que são apenas nomes que você dá para sensações que descrevem uma ausência de amor e alegria, você avança na direção a percepção do estado de amplidão da vida e da consciência pura. Você passa da polaridade para a unidade. Você se permite a recuperação da força, paixão, confiança e autoestima. Você tem maior clareza, lucidez e compreensão enquanto caminha em direção a seu potencial máximo.

Então, como você muda o ajuste do termostato de sua felicidade para o grau máximo? Você foca em eliminar emoções negativas sempre que surgirem em seu dia a dia, enquanto examina toda crença limitadora e, assim, concentra-se em aumentar suas potencialidades. Anime-se, encontre algo bonito para apreciar, renove seu senso de curiosidade e o amor pelo aprendizado, além de encontrar diversão e o bom humor em tudo o que fizer.

Antes de conseguir estabelecer esses hábitos ideais, você deve eliminar os menos solidários para alcançar um nível de saúde máxima. A partir daí, poderá desenvolver comportamentos vitais adicionais que lhe darão sustentação para novos estados de espírito.

Sua Saúde é Sua Verdadeira Riqueza

Lembrando que a diretriz principal de nossa mente inconsciente é mantê-lo saudável e vivo, vamos começar a providenciar grandes mudanças para a recuperação de sua saúde. Quando as pessoas falam de sua saúde, em geral, referem-se ao corpo físico. Na realidade, temos quatro corpos que devemos manter saudáveis: o espiritual, o mental, o emocional e o físico.

Um bloqueio ou um desequilíbrio em um ou mais dos quatro corpos gera desconforto, por fim, diminuindo o sistema imunológico. Vou lhe mostrar como fazer para limpar seu corpo mental e emocional modificando seus esquemas de pensamentos e de linguagem e, por fim, como tratar e limpar seu corpo físico. A partir daí, podemos prosseguir para preencher os espaços recém-abertos com grandes novas estratégias que lhe trarão sucesso em todas as áreas da vida.

Nos dias de hoje, temos bem mais de um bilhão de sites da Internet dedicados à saúde. A palavra "saúde" é derivada da palavra anglo-saxã "são" (algo parecido com "em plena forma") que significa estar inteiro, completo. A palavra "sagrado" tem a mesma origem. Sendo assim, deve haver uma relação entre estar saudável e estar conectado à fonte de todo o poder e luz: unidade, espírito ou Deus. Você não está sozinho. Sua mente inconsciente está ao seu lado, pronta para ser seu anjo da guarda ou seu próprio gênio mágico pessoal.

Cuidado: Sua Mente Está Ouvindo

Cada um dos trilhões de células que compõem nosso corpo se lembra e armazena a memória de cada acontecimento, sensação ou pensamento que você já experimentou. Se você já observou uma criança sendo repreendida, já deve ter notado que, para se defender, ela se encolhe o máximo que consegue. A criança prende a respiração e o medo que sente nesse instante fica, então, armazenado em algum lugar de seu corpo, oferecendo um bloqueio temporário em seu fluxo natural de energia.

A imposição de castigos verbais ou físicos repetidos surte um efeito ainda mais duradouro. A repressão e a supressão geram agressão. Sua mente inconsciente fará o que estiver ao seu alcance para protegê-lo de uma ameaça percebida, por isso, se houver um impacto negativo repetido vindo de alguém (em especial do pai, mãe ou de um cuidador), a reação emocional subsequente pode ser extrema, já que sua mente inconsciente tenta chamar sua atenção. Dependendo das estratégias de enfrentamento de uma pessoa, ele ou ela poderá ferir outras pessoas, a si mesmo ou simplesmente não conseguir lidar com a situação e se afastar. Se a pessoa não é capaz de resolver a situação e desistir de tomar uma atitude, o resultado virá na forma de estresse ou ansiedade constantes.

Segundo o Serviço de Saúde Pública, cerca de 50% das questões envolvendo saúde mental relatadas nos Estados Unidos (exceto pelo mau uso de certas substâncias) é resultado de distúrbios causados pela ansiedade. O objetivo de qualquer tipo de terapia é eliminar esses antigos hábitos ou bloqueios (que podem ser físicos, emocionais, mentais ou espirituais). Você é o engenheiro de sua saúde, da mesma forma que é o responsável por sua própria felicidade, sucesso e bem-estar.

Tanto o sistema de energia *chi* chinês, como o sistema japonês *ki*, explicam que os bloqueios em nosso sistema de mensagens elétricas, que acontece por meio de pensamentos negativos, alimentação pouco saudável ou repressão emocional, no final das contas, manifestam-se fisicamente na forma de doenças. A ausência e limitação são definidas pela quantidade de crenças não apoiadoras (aquelas que não são boas nem inteligentes o suficiente) e as emoções de baixa energia (raiva, tristeza, culpa, vergonha, medo e ansiedade) ficam armazenadas na mente inconsciente. Para o equilíbrio e a recuperação de energia, precisamos rever nossos padrões de pensamentos, as principais crenças de nossas vidas, nossos hábitos alimentares e de exercícios físicos.

Assim, para todos vocês, sentados ansiosos nas beiradas de suas cadeiras, à espera do maior, melhor e mais eficiente truque de Magia da Mente, aqui está ele: a Magia da Mente Seis é uma maneira incrível de eliminar a ansiedade, as emoções negativas e as crenças limitadoras... mesmo aquelas mais antigas e duradouras. Você pode fazer esse exercício quantas vezes quiser, todos os dias, para se livrar de modo imediato de todas as emoções e estados de baixa energia. Quanto mais vezes repeti-lo, mais rápido sua mente inconsciente aprenderá a se desapegar no futuro, sem qualquer instrução consciente de sua parte. Para começar, temos alguns preparativos para que você consiga executar cada um dos estágios separadamente.

Magia da Mente Seis

Preparação:

Aprenda a entrar em estado alfa, como na Magia da Mente Três, e saiba como ancorar

Revisão da Magia da Mente Três

Sentado de maneira confortável com a coluna ereta, erga levemente o queixo e olhe para o teto. Encontre um local onde o teto encontra a parede e fixe o olhar nesse ponto. Em seguida, perceba o que está à sua direita e à esquerda, mantendo os olhos e a cabeça na mesma posição; fique ciente do que está em sua visão periférica. Observe a sensação boa e de relaxamento que você sente enquanto faz isso. Você praticará essa posição no passo três abaixo.

Ancoragem

Coloque a mão esquerda com o punho um pouco fechado sobre sua coxa esquerda (se for canhoto, use a mão direita sobre a coxa direita, se preferir). Em seguida, coloque a ponta do dedo indicador de sua mão direita sobre a ponta da articulação de seu dedo indicador esquerdo (entre o dedo e a mão). Chamamos isso de "âncora," porque essa posição permite que esse novo estado seja absorvido por seu corpo.

Agora, você está pronto para prosseguir com a Magia da Mente Seis?

1. Sente-se com a coluna ereta, mão esquerda levemente fechada sobre o joelho esquerdo e a mão direita relaxada sobre o joelho direito.
2. Pense na emoção, crença ou memória que mais deseja eliminar. Baixe a cabeça, feche os olhos se preferir, para um acesso total.
3. Quando sentir *de verdade* a emoção negativa, erga a cabeça e abra os olhos. Olhe para cima e entre no estado alfa da Magia da Mente Três.

4. Agora faça a ancoragem. Leve a ponta de seu dedo indicador direito até a ponta da primeira articulação entre o dedo e a mão de sua mão esquerda e deixe-o aí.
5. Ainda na posição da âncora e com os olhos ainda abertos, inspire e expire o ar de modo vigoroso enquanto diz em voz alta à sua mente inconsciente: *"Elimine a raiz do problema de _____ (cite a emoção negativa ou a decisão ruim) junto de todas as outras emoções e crenças negativas ao redor de toda essa região, preservando todas as lições positivas para minha saúde e benefício"*.
6. Separe as mãos e desfaça a âncora.
7. Baixe a cabeça novamente e acesse o estado negativo. Não será tão fácil encontrar as sensações desta vez.
8. Repita os passos de 1 a 5.
9. Repita os passos 6 e 7. Tente, em vão, localizar a emoção ou estado negativo. Ele já não está mais aí.

Acesse (ou tente acessar) o estado negativo três vezes para garantir que já não faz mais parte de você. Incrível, não acha? Adoro fazer essa Magia da Mente com meus clientes para mostrar-lhes como é fácil eliminar antigas sensações de baixa energia. Escolhemos o momento menos agradável de suas vidas para conseguirmos provas cabais de que a magia funciona. Sua mente inconsciente fica muito feliz em desapegar porque é saudável eliminar emoções de baixa energia. De maneira ideal, livre-se das emoções nesta ordem: raiva, depois tristeza, em seguida a culpa e, então, o medo.

Quanto mais fizer isso, mais controle sentirá sobre seu estado emocional. Depois disso, quando se sentir não tão bem, basta colocar o dedo sobre a articulação em sua mão de novo e irá para aquele maravilhoso estado alfa. Já cheguei a passar uma hora no consultório do dentista com meu dedo sobre minha articulação e me senti muito bem o tempo todo.

Descobri o modo mais simples e eficaz de liberar e eliminar emoções negativas enraizadas de forma permanente com a Terapia de Regressão de Memória, minha adaptação particular da Terapia da Linha do Tempo®. Esse método nos leva de volta para antes do fato original (e antes da Gestalt, ou sequência de acontecimentos, seguinte) para eliminar emoções de baixa energia, enquanto preserva todos os aprendizados positivos. Ao descobrir a causa principal da emoção ou crença, os clientes transformam sua perspectiva de vida em apenas uma sessão reveladora. A mente inconsciente fica muito feliz por se livrar de comportamentos ou sentimentos negativos, uma vez que se sinta convencida de que você compreende o que ela está tentando lhe dizer.

Controle ou Questões de Controle?

Quando vivencia os acontecimentos com objetividade, você recupera o controle de sua vida. Estar no controle significa que você pode fazer melhores escolhas e tomar as decisões mais corretas. Você tem o controle de sua vida sob todos os aspectos? Sente que percebe e está usando todo o seu potencial? Se a resposta for não, você pode descobrir que algumas emoções e experiências de baixa energia começam a chegar em sua vida, enquanto sua mente inconsciente tenta atrair sua atenção para o fato de que algo não está em equilíbrio. A essa altura, assumir o controle pode ser substituído por questões de controle: a necessidade inoportuna controla pessoas e acontecimentos que não são de sua alçada por causa da ausência de um controle real. O gerenciamento da vida pode, então, ser substituído por uma necessidade constante de perfeição, enquanto tenta prosseguir com sua vida apesar dos sentimentos de desconforto que começam a surgir.

Os nomes que damos às principais sensações de desprazer são raiva, tristeza, depressão, medo e culpa. Vamos seguir em frente e encontrar novas formas para nos livrarmos dessas sensações de baixa energia, uma a uma, para que possa recuperar a vitalidade e se sentir mais forte para criar sua nova vida que será fabulosa.

Como se livrar de emoções negativas se elas surgem? Uma das maneiras mais rápidas ao nosso alcance, se você ainda não faz terapia, é fazer exercícios físicos de qualquer espécie. O treino físico, de modo preferencial, deve fazer você respirar com grande intensidade e, portanto, a prática do sexo funciona tão bem quanto a atividade de correr, por exemplo! Exercícios físicos nos permitem ganhar energia e canalizá-la para algo mais produtivo. Também ajudam a eliminar toxinas e emoções negativas como uma vantagem extra. Depois, faça a Magia da Mente Seis para se sentir melhor instantaneamente.

Outro modo é quando aumentar e liberar a energia presa à emoção usando uma técnica de sondagem. Toda energia produz ressonância, o que cria um som. A razão desse exercício funcionar foi comprovado por uma universidade japonesa. Eles desenvolveram um método capaz de apagar um som utilizando o som de uma frequência oposta. Sons de frequências opostas não ressoam. De fato, ao criar o som contrário exato, os pesquisadores conseguem eliminar o som original. De preferência, esse exercício deve ser realizado em um local longe de outras pessoas, já que ele pode ser bem barulhento.

Magia da Mente Sete

Sempre que estiver dirigindo, ou tomando banho, escolha uma palavra de baixa energia que ressoa com você na ocasião (raiva, medo, culpa, vergonha ou tristeza) ou escolha uma palavra de alta energia (amor, paz, tranquilidade, alegria, felicidade, paixão ou força). Direcione sua atenção para – ou apenas pense em – seu centro de força, que fica a uma distância de três dedos abaixo do umbigo. Respire fundo e chame ou cante a palavra o mais alto e o quanto puder. Não importa o quanto essa palavra possa ser perversa ou espiritual: basta pensar em uma palavra sem qualquer forma de julgamento! A ênfase está no som das vogais, assim, a palavra "medo," sendo dígrafa, soaria desse modo: "Meeeee... eeeee... dooooooooooo!".

Prolongue o som das vogais por pelo menos um minuto, até que sinta os músculos da barriga apertarem e seu rosto ficar vermelho! O som "eeeee," a propósito, faz o centro do coração se abrir e "oooooo" faz abrir o centro de energia do terceiro olho, o que faz aumentar a intuição e a manifestação. Uma ótima forma para fazer isso é olhando para uma parede ou uma porta bem de perto e imaginar que consegue abrir um buraco na superfície com sua voz.

Você pode pronunciar o nome de alguém ou dizer "Eeee-euuuuu!" o mais alto que quiser. Ou gritar "Liiiiiiiiiivreeeeeeeeee!". Quanto mais demorado e mais intenso for o som das vogais, mais rapidamente conseguirá se energizar e se sentir bem! Você pode cantar o som de maneira mais suave se, por exemplo, estiver morando em um apartamento e o barulho não for bem-vindo; entretanto, o som das vogais precisa, então, alongar-se por mais tempo.

Assim que atingir o som mais suave no final do som que criou, você já terá eliminado todas as emoções indesejadas ao mudar a frequência do som atrelado a elas, abrindo, assim, o caminho para emoções mais prazerosas para tomarem seu lugar. Já observei algumas caretas bem engraçadas de algumas pessoas quando fiz esse exercício dentro do carro, parada em um semáforo, portanto, ache um local onde possa fazer seus barulhos em paz!

Uma variação interessante desse exercício é escolher uma parte de seu corpo que não esteja bem e imaginar, ou fingir, saber que palavra estaria ali se tivesse que escolher uma palavra ou sensação. Pronuncie essa palavra e, depois, pergunte-se que outra palavra está sob ela. Prossiga até conseguir resgatar uma palavra de alta energia como "amor" ou "segurança". Pronuncie essa palavra e se sentirá muito bem. Esse também é um excelente método para eliminar dores físicas do corpo.

Livre-se da Raiva

A raiva é uma energia emocional maravilhosa que pode ser usada para estimular a ação. Muitas mudanças incríveis na sociedade foram realizadas por alguém ficando bravo o suficiente para fazer a diferença. Em sua forma de menor utilidade, a raiva é uma emoção, em geral, resultado de uma injustiça ou de expectativas irreais e não realizadas. É uma necessidade de controle ou de poder. A energia se torna inapropriada quando é internalizada sem que seja liberada de forma produtiva ou construtiva. A emoção de alta energia contrária à raiva é a paixão, que é uma forma excelente de canalizar a raiva se ela de fato *surgir*.

A raiva é encontrada, principalmente, onde os limites foram ultrapassados (imaginários ou não), ou quando seus valores forem comprometidos, como, por exemplo, se você percebe alguma forma de injustiça. Ela também pode ser encontrada quando situações de nossa infância são provocadas por acontecimentos presentes, já que nossa mente inconsciente tenta trazer à tona todas as questões mal resolvidas a fim de eliminar qualquer tipo de antiga bagagem emocional.

Há dois tipos de raiva de que precisamos cuidar. A primeira é a situacional, ou a raiva causada por circunstâncias externas, como quando alguém pisa no dedo de seu pé ou quando você descobre que aquela pessoa que foi visitar não está em casa. Essa raiva é chamada de externalizada. A Magia da Mente Seis é ótima para cuidar dela.

O outro tipo é mais profundo: a raiva internalizada. Trata-se daquele incômodo lento que sentimos logo abaixo da superfície de nossa consciência, que pode vir à tona a qualquer instante e que, em geral, está associada às questões originadas na infância (ou até antes dela). Se a Magia da Mente Seis, exercícios físicos e a Magia da Mente Sete não conseguirem eliminá-la, então, essa raiva é do tipo que precisa ser cuidada por um profissional. Mais uma vez, a Terapia de Regressão de Memória e a hipnoterapia são as ferramentas mais ágeis disponíveis para esse tipo de eliminação da raiva.

Há mais de 200 usos conhecidos para a hipnose, a propósito. Toda forma de hipnose é autoinduzida, portanto, você tem controle total quando decidir usá-la. Foi aceita como uma forma de bem-estar natural em 1956 pela Igreja Católica e pela Associação Médica Americana em 1958. Uma pesquisa da literatura psicoterápica realizada por Alfred A. Barrios, Ph. D., publicada na revista *American Health*, revelou as seguintes taxas de recuperação:

- Psicanálise: 38% de recuperação após 600 sessões
- Terapia do Comportamento: 72% de recuperação após 22 sessões
- Hipnoterapia: 93% de recuperação após 6 sessões

É óbvio que o principal segredo está na prevenção da raiva ao se manter relaxado e atento em qualquer situação que possa induzir um sentimento de falta de controle ou de invasão de seu espaço. Além disso, lembre-se de eliminar a palavra "raiva" de seus padrões linguísticos. Mude para "emoção forte". Algumas outras soluções para a eliminação da raiva:

- Frutas e verduras frescas
- Purificação: toxinas físicas quase sempre se manifestam na forma de emoções negativas
- Exercícios: aeróbicos ou estimuladores de estado alfa, como ioga ou a prática da natação
- Cantar
- Práticas de respiração profunda
- Pensamentos e linguagem de alta energia
- Meditação
- Dormir

Para Uma Eliminação Mais Profunda da Raiva

Ache um terapeuta de confiança. A Terapia de Regressão de Memória ou a hipnose são ideais para a raiva internalizada e para encontrar a raiz do problema. O riso também é uma forma maravilhosa para eliminação da raiva. Você não consegue ficar bravo e rir ao mesmo tempo.

Quando a raiva é eliminada, a tristeza geralmente vem à tona.

Eliminação da Tristeza

Chorar é uma ótima forma de eliminar a tristeza. Ache todos os CDs ou arquivos de músicas tristes que conseguir, ou se prepare para rever todas as cenas tristes de um filme que sabe que o ajudará a chorar e deixe tudo separado para durar até duas horas. Às 9h da noite exatamente, pressione o botão da tecla *play* e sinta muita, muita pena de si. Em seguida, concentre-se em encontrar compreensão e compaixão por si. Você possui uma integridade nata e uma capacidade de descobrir sua própria verdade única a respeito de sua vida. Permita-se a graça do sofrer, como permitiria a qualquer outra pessoa. Quando validamos a infelicidade e a intensificamos, deixamos que ela se vá. Eu nunca consigo chorar duas horas inteiras quando faço isso. Fico sem coisas para pensar muito tempo antes das 11h e me recompenso com um bom livro, uma música ou alguma forma de tratamento especial. O tempo limite é o elemento mais importante desse exercício, porque dar-se um tempo fixo delimita uma fronteira e dá permissão à mente inconsciente de gozar de uma rápida liberação das emoções. Além disso, quando envolve a mente consciente e a engaja no processo novamente, você ganha objetividade, o que fará com que antigas emoções comecem a se dissipar.

Seu corpo físico lhe dará uma enorme pista de quando as emoções estiverem desequilibradas por qualquer período de tempo. Seu desconforto só servirá para gerar uma doença. Um dos desconfortos mais comuns deste século é a depressão.

Depressão

A depressão é um gatilho externo que está relacionado a um sentido de perda. É como uma sensação de que você não tem o poder de se expressar, ou de que não deu a si a permissão de se expressar. Em geral, é causado por uma raiva mal resolvida. É algo debilitante. Algo que se assemelha à frustração, como quando dizemos "Estou deprimido porque não ganhei o que queria no meu aniversário". É um fenômeno natural que acontece quando alguém tem consciência de estar se sentindo sufocado. Como uma condição externa temporária, a depressão pode até ser útil; ela permite que uma pessoa se desligue de algumas sensações que fará com que esse indivíduo recupere o equilíbrio de suas emoções. Faz a pessoa sentir que precisa reservar um tempo para fazer... nada. Uma solução rápida para sentir-se por baixo é fazer exatamente o seguinte: assistir a um filme ou ler um livro. Rezar. Dar um sossego ao seu espírito.

Alguém profundamente deprimido por qualquer período de tempo precisa de um sistema de apoio de uma fonte externa, como dos amigos ou de um terapeuta, que irá trabalhar com ele ou ela para ajudar a retomar a objetividade. Uma boa maneira de distrair a pessoa da depressão é por meio da interrupção de um padrão estabelecido, talvez na forma de um passeio à noite ou pela aquisição de novas informações pelo aprendizado de algo novo. A Regressão de Memória e/ou hipnose são, mais uma vez, minhas terapias de escolha para achar as raízes dos problemas das baixas emoções.

Medo

O medo nada mais é do que a falta de confiança. Você está feliz, com saúde, é amado, próspero, corajoso, sente-se confiante e à vontade em seu ambiente e em sua casa? Se não, você acredita que está caminhando nessa direção? Ou está vivendo com medo? O medo impede as pessoas de viverem todos os momentos maravilhosos da vida.

A necessidade inadequada de estar no controle está fundamentada no medo ou na raiva. Se a raiva é uma sensação que temos por não estarmos no controle, o medo é uma sensação de estar sendo controlado por alguém ou por algo de fora, o que, na verdade, não é possível! Temos hoje dezenas de milhões de sites na Internet dedicados aos medos e as fobias. A única coisa da qual *realmente* devemos ter medo é ficarmos sem saber o que fazer por tempo demais, ou do próprio medo.

O medo é uma reação primária de sobrevivência, que foi muito útil no passado, quando tínhamos que agir por meio de luta ou fuga de predadores, já que o medo aumenta nosso sistema de alerta. Os hormônios produzidos por uma reação de medo são principalmente a adrenalina e o cortisol, que produzem sensações físicas de boca seca, respiração e batimentos cardíacos acelerados, insônia, pressão sanguínea elevada e uma sensação de estômago embrulhado. Quando o medo passa, experimentamos uma sensação de alívio ou euforia. Nos dias hoje, chegamos inclusive a induzir o medo por diversão só para sentirmos aquela sensação que resulta de uma reação causada por ele. O medo é excelente quando em pequenas doses; basta encarar uma volta em uma montanha-russa, um salto de *bungee jump* ou uma prática de *rafting*. Nosso sistema de alerta aumenta e nos sentimos mais vivos.

Os medos dos dias de hoje, que incluem não termos tudo o que precisamos, não sermos o que desejamos ou de não fazermos tudo o que deveríamos, são mais abstratos e, apesar disso, geram as mesmas reações psicológicas, sem a devida liberação posterior. A ação é necessária, da mesma maneira que acontecia no passado, trazer a realização e o sentido para sua vida.

Faça-se a seguinte pergunta: "Do que mais sinto medo: de não ser o que desejo, de não fazer tudo o que devo ou de não ter tudo que gostaria?". Depois, pergunte-se: "O que exatamente estou deixando de ser, não estou fazendo ou não tenho?". Vale a pena anotar as respostas para que consiga achar soluções com mais facilidade e, então, agir.

O medo do fracasso não é o único medo que as pessoas têm. As pessoas podem também ter medo do sucesso em razão de antigas ideias ou crenças errôneas a respeito dele. Lembre-se de que amor, dinheiro, saúde, conforto e propósito são suas recompensas e seus direitos.

O medo e o julgamento criam a separação. A eliminação do medo faz surgir enormes recursos internos e força psicológica. Quando a abundância e a confiança estão presentes em todas as áreas de sua vida, o medo se ausenta. Não é comum acordarmos pela manhã e se preocupar com a quantidade de ar disponível para que você possa respirar o dia inteiro. Você presume que tudo está bem. Existe ar suficiente para nós todos – e mais. Então, como você se sente sabendo que existe uma abundância de amor, dinheiro e saúde?

Você está realmente pronto para tudo isso?

Está na Hora de Fazer Mudanças

Encontre dentro de você a coragem para mudar. Faça *qualquer coisa* diferente – em especial, as coisas que não são a "sua cara". Se ser você não o está fazendo feliz até agora, experimentar coisas novas deve valer a pena! Sentar-se sobre uma cerca não é prazeroso por um longo período de tempo; sua mente inconsciente encontrará uma forma de mudar quem você é cedo ou tarde.

O universo é uma flor que nunca deixa de se abrir e que muda a cada milésimo de segundo. Faça essas mudanças. Mude aquilo que normalmente come no café da manhã. Mude sua rotina. Decida trocar de emprego e mudar de casa e melhore seus relacionamentos. Não se sente confortável em mudar alguma dessas coisas? Então mude todas as outras coisas *com exceção* daquilo que mais precisa mudar e, mais tarde, essa última coisa mudará de modo automático! O segredo para eliminar o medo está na tomada de decisões e nas ações que o fazem seguir em frente.

Livre-se do Medo

Antes de olhar para a eliminação do medo, você poderá preferir encontrar seu lugar mais seguro para usar como seu escape se, em qualquer momento, se sentir pouco confortável. Sua mente inconsciente sabe do que precisa para se livrar de todas as emoções de baixa energia armazenadas e não permitirá que você experimente algo que não está pronto para processar. No entanto, é sempre bom você ter seu "lugar seguro" de reserva.

Imagine seu feriado dos sonhos em que planeja descansar. Pode ser uma praia, uma clareira no meio de uma floresta, uma montanha, um bosque com um riacho passando no meio dele, ou um templo. Qualquer lugar em que possa se sentir totalmente seguro serve. Feche os olhos e, por dois minutos, imagine, da maneira mais real que puder, que está em seu lugar seguro. Consegue sentir a água correndo? Sente o cheiro no ar? Sente o sol em seu rosto ou a brisa batendo em seus cabelos? O que escuta? Que sabor sente na boca? Pinte seu lugar seguro da forma mais colorida que conseguir.

Agora, imagine o sol brilhando do céu até o topo de sua cabeça e espreguice todo seu corpo de forma bem relaxante. Se desejar, pode erguer uma cerca ou toda uma floresta ao redor de seu lugar seguro.

Transforme o Medo: Um Exercício

Grande parte de nosso medo é herdado, adquirido dos temores de nossos pais durante a fase do *imprinting*, os primeiros sete anos de nossa infância. Assim, é importante identificar e eliminar não apenas o que pensamos como nossos próprios medos, mas também os medos que herdamos sem nem percebermos. Sente-se de modo confortável para esse exercício. Coloque uma música agradável, ou fique em silêncio. Feche os olhos e relaxe.

Imagine-se em uma sala particular. Há uma porta à sua direita e uma janela à esquerda. Lá fora o dia está lindo. O sol está brilhando e você consegue ver pela janela que logo ali existe um parque ou um jardim. Observe a porta se abrir. Imagine o maior medo de sua mãe entrando pela porta. Com o que ele se pareceria se pudesse imaginá-lo como uma pessoa pequena com um rosto, dois braços e duas pernas? Observe essa pessoa indo até a lateral de sua cama e diga "olá" para ela. Como se sente em relação a essa pessoa? Qual é o nome dele ou dela? Dê o primeiro nome que vier à sua cabeça. Você consegue sentir pena dessa pessoa, sabendo o tipo de vida que ele ou ela teve? O que pode fazer em relação ao medo para tornar essa pessoa bonita? Pergunte o que ele ou ela precisa de você para ajudá-la. Use sua imaginação para fazer o que puder para tornar a pessoa amigável ou confortável.

Algumas sugestões:

1. Leve ele ou ela para tomar um pouco de sol.
2. Encolha a pessoa para que possa abraçá-la e confortá-la para que ela se sinta melhor.
3. Chame uma enfermeira, um anjo ou um visitante para que venha ajudá-lo nessa tarefa.
4. Dê a ele ou ela um presente.
5. Ajude a pessoa a sair de sua própria "pele" para descobrir se existe alguém melhor por baixo.
6. Acaricie ele ou ela com suavidade e diga que se importa com ela.
7. Use uma varinha mágica para transformar o medo em algo bonito.

Depois que a pessoa se sentir melhor, ofereça liberdade pela porta ou pela janela aberta (observe ele ou ela desaparecer, transformar-se em uma borboleta, ou sair caminhando).

Repita o exercício para o medo de seu pai e, então, repita-o mais uma vez para eliminar seu próprio medo. Lembre-se de visitar seu "lugar seguro" se precisar, por apenas um ou dois segundos, e depois volte para o exercício.

A Magia da Mente Oito irá lhe mostrar como criar uma sensação de segurança quando precisar.

Magia da Mente Oito

Um Exercício para se Sentir Seguro

Este exercício pode ser feito em qualquer lugar. O segredo de seu sucesso está na mudança de sua fisiologia. Cuide para que sua coluna esteja ereta, a cabeça erguida e o queixo levemente inclinado para cima.

Imagine acima de você o sol mais belo que já viu – um disco de energia amarela. Respire a luz do sol contando até sete. Prenda a energia no centro do peito contando até sete e, em seguida, libere-a devagar contando até 11. Conforme libera essa energia, imagine-se cercado por uma linda bolha de energia radiante de proteção. Talvez você queira rezar ou agradecer por conseguir elevar sua vibração.

Inspire a energia mais uma vez e imagine-se no lugar mais bonito que conseguir imaginar. Lembre-se de um tempo em que se sentiu realmente seguro. Pode ser uma memória da infância, de um novo amor ou de uma promoção recente. Encontre cada instante de felicidade e segurança, em seu banco de memórias, e quando encontrar algo que o faça se sentir bem, permaneça nele. Lembre-se do quanto esse momento o fez se sentir feliz.

Onde guarda essa lembrança em seu corpo físico? Se não sabe, em que lugar de seu corpo ela estaria se tivesse que escolher um lugar? Continue a respirar até que seus batimentos cardíacos e o ritmo de sua respiração diminuam.

Ansiedade

A ansiedade é um estado de incerteza ou de intranquilidade sobre algo no futuro. Ela é diferente do medo, muito embora o medo seja uma reação neurológica instintiva a um fato atual ou à memória de um acontecimento passado. A ansiedade não é, falando de maneira estrita, uma emoção, pois ela é uma reação a algo que ainda não aconteceu. Entretanto, é bastante real para aqueles que a experimentam, além de ser tão debilitante quanto neutralizante em seu efeito.

Se você está diante de um cachorro prestes a atacá-lo, sua reação não é de ansiedade, é de medo, pois a resposta de sobrevivência de luta-ou-fuga entra em ação. Se você se sente inquieto pela ideia de que algum cachorro possa mordê-lo sem nenhum motivo, isso se chama ansiedade. O rótulo que damos a uma reação recorrente extrema absurda como essa é chamada de "fobia".

A primeira coisa a se fazer para eliminar a ansiedade é imaginar o melhor dos cenários. Qual seria a última coisa que teria de acontecer para convencê-lo de que pode se sentir muito bem nessa situação? Se a ansiedade é causada por uma entrevista de emprego, seria a pessoa que o está entrevistando e apertando sua mão enquanto lhe dá os parabéns? Se for um encontro amoroso, seria a pessoa dizendo-lhe que noite maravilhosa ela teve e perguntado se podem se encontrar novamente? Se o receio é de falar em público, seria a plateia gritando, vibrando e aplaudindo-o em pé?

Depois, feche os olhos e imagine-se flutuando sobre seu corpo para um momento logo após a realização *bem-sucedida* de um evento. Imagine-se voltando para dentro de seu corpo e sinta de verdade a experiência maravilhosa do sucesso. Realce as cores, o cheiro e o sabor e ouça cada detalhe; pense em como se sente. A ansiedade já se foi? Se necessário, faça a Magia da Mente Seis. Peça à mente inconsciente que guarde as lições positivas enquanto elimina as negativas e, então, retome sua vida maravilhosa.

Culpa e Vergonha

A culpa é uma das emoções mais desagradáveis de se carregar. Ela vem da palavra anglo-saxã *"gylt,"* que quer dizer pecado ou crime. Essa é sem dúvida a forma que a natureza encontrou para nos dar uma consciência para que assim possamos dar apoio ao grupo. A culpa é a palavra que usamos para a emoção de baixa energia que as pessoas sentem quando desapontam outras pessoas. A vergonha é a sensação que vem quando nos sentimos decepcionados com nós mesmos. A culpa, a vergonha e o ressentimento são as emoções que mais consomem nossa energia e nossos recursos. São desvitalizantes ao extremo. Pensamentos de baixa energia e um sistema imunológico em baixa podem ser resultado de mantermos qualquer uma dessas sensações de baixa frequência por um período de tempo (acima de dois minutos!).

Um dos casos mais interessantes de culpa inadequada me foi revelado em uma sessão de terapia de que participei com uma mulher na faixa de seus 30 anos de idade. Quando perguntei a Sylvia por que estava ali, ela me respondeu que tinha um casamento muito feliz, filhos maravilhosos, uma casa linda, um emprego incrível e saúde formidável. Eu não conseguia entender por que ela teria pensado em me procurar. Por fim, o motivo de Sylvia não estar totalmente feliz na vida era porque sentia uma culpa constante pelo fato de que outras pessoas não tinham tudo o que ela tinha. Quando percebeu que, quando criança, sua mãe lhe passara a ideia de que ela não merecia ter tanto, eliminamos as antigas emoções negativas e as decisões não solidárias que ela sentia, flutuando pelo ar – pronta para desfrutar de sua vida de forma completa.

Ressentimento

O hábito de guardar mágoa ou rancor faz com que as pessoas se desconectem de si e deixem de viver uma vida de verdade e de felicidade. Essa separação gera uma projeção externa, que resulta em desequilíbrio. Na realidade, o fato de não perdoarmos os outros significa que a capacidade de se perdoar e de se aceitar está ausente.

Pesquisas realizadas pela Universidade Johns Hopkins indicam que formas de ressentimentos duradouros e não resolvidos constituem uma possível maneira de adoecermos com câncer, pois quando as pessoas se veem como vítimas, a culpa que é projetada para o perpetrador precisa voltar na forma de castigo – em especial, aquela culpa que mantemos em um nível inconsciente.

Qualquer questão emocional não resolvida irá, por fim, manifestar-se em nosso corpo físico. Seu corpo não tem escolha senão expressar todas as emoções que você reprime. A dor é a mensagem final de sua mente inconsciente avisando que você ainda não está ouvindo algo! Eu trato de todas as doenças físicas como uma forma de crença limitante gerada por uma decisão restritiva.

Guardar rancor também é algo extremamente debilitante. Nem sempre é fácil falarmos com pessoas de nosso passado para tentar resolver questões antigas. E dizer a alguém que tudo vai acabar bem nem sempre surte efeito. Então, como fazer para deixar as coisas para lá? Os havaianos têm um exercício maravilhoso que fazem para conseguir alívio e perdão. Eles o chamam de *Ho'oponopono*. Nos anexos, você encontrará minha adaptação desse processo de perdão e alívio, um roteiro que você pode gravar com sua própria voz e ouvir todos os dias até se sentir revitalizado. Você se surpreenderá com os resultados. Um CD com esse guia (com música original) está disponível em *www.YvonneOswald.com*.

Quando você aprende a aceitar os outros e a admirá-los por sua coragem, você pode reconhecer que as pessoas não são seus comportamentos. Olhe de verdade em busca daquela criança de 5 anos de idade em todos e verá a luz e beleza em seu interior. Sua habilidade de se conectar e de se comunicar com outras pessoas ampliará sua aptidão para ganhar intimidade, compreensão e confiança.

O Segredo da Cura Está em Deixar o Passado

A medicina convencional diz que estamos bem até que uma bactéria ou um vírus nos deixem doentes, ao passo que, na verdade, estamos em contato com milhões de germes todos os dias sem qualquer efeito aparente. Por que, então, nem todos somos afetados por esses germes? Como estava sua saúde no melhor momento de sua vida – apaixonado, ou bastante tranquilo financeiramente, ou apenas feliz por estar vivo? E, com que rapidez passou a não se sentir bem quando sua vida parecia estar menos fácil?

A coisa mais importante a ser percebida é que quanto *antes você se livrar de pensamentos de baixa energia, palavras de baixa energia e emoções de baixa energia, mais saudável seu corpo físico se sentirá*. Suas condições espirituais, emocionais e mentais, então, harmonizam-se e sincronizam-se para lhe proporcionar formas formidáveis de sucesso enquanto você prossegue com sua vida.

Você não é a mesma pessoa que era nesse mesmo período no ano passado. Seu corpo é o mecanismo mais perfeito que existe. Ele renova 95% a 98% de suas células anualmente. Regula sua temperatura e seleciona e distribui hormônios, enzimas e nutrientes até os lugares perfeitos na hora certa. Ele troca sua pele todos os meses, o revestimento interno do estômago a cada cinco dias, todo o seu fígado a cada seis semanas, todo o seu esqueleto a cada três meses. Os 97 mil quilômetros de vasos sanguíneos transportam células de sangue (e novas ideias) por todo nosso corpo a cada 20 minutos.

Fritz Alfred Popp, da Universidade de Marburg na Alemanha, provou que usamos a luz armazenada dentro das células do corpo para ajudar com nossa sobrevivência. A luz é armazenada no corpo pelo DNA na forma de fótons; o estresse, os problemas de saúde e a depressão aumentam a taxa de emissões de biofótons como um mecanismo de defesa desenvolvido para restaurar a energia das pessoas. Ele provou que verduras e legumes frescos e crus são os alimentos que mais oferecem luz. Carne, peixe e frango proporcionam luz de segunda mão – não tão apetitoso quando falamos assim, não é? De maneira ideal, o corpo mais saudável deve ser totalmente reluzente – o estado mais próximo possível de nossa fonte suprema, ou Deus.

Eu sempre fui capaz de ver a luz em volta das pessoas e, quando vejo alguém gozando de boa saúde, parece que a pessoa está cercada de luz. Quando alguém não está saudável, ou está deprimido ou sob o efeito de drogas, parece estar envolto por uma nuvem cinza (ou até mesmo negra). Fiquei surpresa, uma vez, ao ver um homem, que era viciado em drogas, com um anel de escuridão com uma espessura de quase meio metro envolvendo seu corpo. Em outras palavras, ele já havia consumido todo o seu estoque de luz do corpo e não estava nada bem, já que não havia mais luz para que suas células pudessem usar para se comunicarem entre si.

Como conseguimos mais luz em nosso corpo físico? Fazemos isso com uma nutrição excelente (o combustível que o corpo usa para transformar em energia), principalmente frutas, verduras e legumes crus e frescos, por meio de excelentes padrões de pensamentos e ações e por uma constante "faxina" de nosso corpo físico.

Faça uma Faxina Geral em Seu Corpo para Fazer uma Faxina Geral em Sua Mente

Nossa mente e nosso corpo fazem parte de um sistema muito maior que está em comunicação constante, cada um deles informando e influenciando o bem-estar do outro. Acredito que se você for tóxico em algum nível físico, isso interfere com a comunicação e o raciocínio da mente superior. Nossa habilidade para escolher palavras de alta energia que usamos internamente e com os outros será grandemente melhorada quando também decidirmos tratar de nosso ser físico com cuidados e nutrientes de alta energia.

A cada instante, ano após ano, seu corpo e mente trabalharam juntos para mantê-lo saudável e vivo, apesar dos padrões e hábitos de baixa energia. Embora todo o seu corpo seja composto por trilhões de células, cada uma delas tem sua função específica a desempenhar. O mais incrível sobre cada célula é que seu trabalho é agir em prol de todo o organismo (o corpo). Ela "sabe" o que deve fazer, mesmo que isso exija que se sacrifique para o bem geral (como é o caso dos glóbulos brancos).

Cada célula "conversa" com as demais células por meio de um sistema de mensagens elétricas, que utiliza minerais e outras substâncias químicas. Esses mensageiros químicos são chamados de neurotransmissores. Eles banham cada célula de seu corpo e estão, o tempo todo, atentos ao nosso sistema nervoso, o que significa que *quando você tem pensamentos felizes, você tem* células *felizes*. Para manter minhas células e meus pensamentos felizes, faço uma limpeza natural e uma irrigação intestinal (terapia do cólon para limpar os intestinos) uma vez por mês. Sinto que ganho mais energia e me sinto bem mais saudável e mais conectada como resultado. Programe uma consulta com um médico qualificado, naturalmente, se decidir fazer esse tipo de limpeza.

Uma vez estabelecida uma boa comunicação entre seu corpo e sua mente, é hora de descobrir como se comunicar com os outros para conseguirmos resultados mais eficazes. A comunicação com as outras pessoas é muito importante porque sua relação com elas é o segredo de seu sucesso no trabalho ou na vida social.

Sempre me admiro quando descubro pessoalmente e com meus clientes que, embora a maioria das pessoas acredite que os relacionamentos não são fáceis, assim que você entende e aprende como cuidar de sua fisiologia, tom de voz e as palavras que usa, você pode produzir resultados previsíveis em suas relações com muito mais rapidez do que em qualquer outra área de sua vida. Por exemplo, como faz com que alguém goste de você em 60 segundos ou menos? Não pare de ler!

Recapitulando

1. As emoções compõem o sistema de mensagens que a mente inconsciente usa para avisá-lo se está no caminho certo.
2. As emoções são vitalizantes, debilitantes ou neutralizantes.
3. A mente inconsciente armazena emoções negativas no corpo.
4. Toda palavra tem uma cadeia de significados que estão interligados com sua neurologia. As suas células estão ouvindo e reagindo.

5. "O semelhante atrai o semelhante." Tudo o que pensa ou fala atrairá mais do mesmo.
6. Uma mudança temporária é simples. Estabelecer novos comportamentos é o segredo da mudança permanente.
7. As pessoas não são aquilo que demonstram. Todos estamos sempre dando nosso melhor com aquilo que temos disponível.
8. Você tem quatro corpos: um corpo espiritual, um corpo mental, um corpo emocional e um corpo físico. Todos eles precisam de atenção regular.

Capítulo Cinco Plano de Ação

1. Pegue um copo com água e beba-o agora, ou assim que puder.
2. Anote o nome que dá às emoções conforme surgem. Escreva ao lado uma palavra substitutiva para cada emoção de baixa energia e troque essa palavra sempre que usá-la. Assim, "Estou muito bravo" pode se tornar "Estou ciente de uma emoção forte que preciso eliminar".
3. Acesse <www.YvonneOswald.com> e baixe a receita grátis que ofereço para a limpeza da vesícula biliar e do fígado. É natural e fácil (embora não seja muito saborosa).
4. Compre um "Livro de Agradecimentos". Arranje um caderno novinho que possa trazer sempre com você e anote toda vez que se sentir grato por alguma coisa. A gratidão gera otimismo e o mantêm em seu "cérebro superior".
5. Faça 15 minutos de exercício hoje. O simples ato de ler a respeito de emoções de baixa energia servirá de gatilho para memórias interessantes que precisam ser liberadas ou você terá sonhos incríveis nesta noite!
6. Escolha uma página em sua agenda, um dia no mês que vem. Escreva no topo: "Ótimo dia! Dia Fantástico!". Pense nesse dia sempre que puder e, então, espere para ver o que acontece.

6

O Poder da Comunicação e da Compreensão

Compreender-se de modo sincero e ser compreendido pelos outros é encontrar a paz de espírito e viver com confiança em seu coração.

Até aqui, exploramos como conhecer a si e como sua mente inconsciente funciona para sincronizar e harmonizar as palavras e os pensamentos para ter um excelente relacionamento consigo. O passo seguinte é pegar esse conhecimento e expandi-lo para que seus relacionamentos com os outros sejam igualmente recompensadores. Basta imaginar como seria viver em um planeta onde todos nos entendemos e nos aceitamos!

Você tem, ou teve no passado, um amigo ou uma amiga que gostava de (ou amava) você de forma incondicional. Esse é o tipo de amigo que podia tirá-lo de sua zona de conforto e ainda assim você o aceitaria. Se seu amigo dissesse "Pule!", você pularia e perguntaria por que mais tarde. Esse amigo é alguém em quem você confia, alguém com quem se relaciona, alguém que você entende, a quem dá valor e sente empatia. Não seria maravilhoso se pudéssemos ter essa ligação com todo mundo?

Apenas por aprender algumas incríveis táticas comportamentais, começando pelo "vínculo," esse mundo totalmente novo de conexão se abre para você. Você se lembra que a linguagem das palavras e dos símbolos que usa para falar consigo representa 100% de sua comunicação interna e dos resultados obtidos? Bem, a linguagem que você usa com as outras pessoas inclui sua linguagem corporal e seu tom de voz. Na verdade, as palavras que diz representam menos de 10% daquilo que de fato você está comunicando.

Frank é um cliente meu. É um eletricista altamente qualificado com quase 40 anos de idade. É um homem bonito e inteligente. Sensível e atencioso, cuida de seu corpo e é dono de dois imóveis. Por que, então, ele não consegue passar de um primeiro encontro com uma garota? Ao trabalhar com ele, descobri que recebeu uma educação bastante rigorosa dos pais. Ensinaram-lhe que devia sempre ser respeitoso e permanecer em silêncio quando alguém estivesse falando; ele aprendera a anular seus instintos naturais de interação social.

Frank demorou apenas duas horas de prática comigo para aprender padrões de linguagem corporal simples e um tom de voz adequado que causou mudanças incríveis em sua vida amorosa. Ele aprendeu como olhar para alguém que achava atraente, a paquerar de maneira respeitosa e como fazer para se aproximar fisicamente de maneira adequada de alguém que não conhecia tão bem, mas com quem desejasse estabelecer um laço mais íntimo.

Ele me enviou um *e-mail* dizendo que, hoje, considera esses métodos de ajuste de linguagem corporal e do tom de voz para interagir com os colegas de trabalho, bem como com pessoas completamente estranhas, algo extremamente prático. Ele tinha conhecido uma garota em uma loja e acabaram conversando por meia hora. Ele diz que, mesmo nos estágios iniciais de seu novo relacionamento, a parte que ele considerava a mais difícil, fez com que se sentisse à vontade. Eles estão namorando e se dando maravilhosamente bem.

Antes de descobrir como direcionar suas habilidades comportamentais para facilitar uma comunicação eficaz de modo consciente, vejamos por que o vínculo é algo tão precioso.

A Linguagem do Vínculo

A linguagem que usa para detectar suas intenções e transmiti-las aos outros é chamada de "vínculo". Por que você precisa saber como construir um vínculo? O que ele exatamente faz por você?

1. Aumenta seu sentido de autoconfiança e carisma.
2. Você pode, quase de modo imediato, causar uma boa primeira impressão, tanto em situações pessoais quanto profissionais.

3. Você envia os sinais corretos e se torna mais interessante para os outros.
4. Você entende as outras pessoas com mais facilidade e admira a maneira como enxergam o mundo.
5. Sua atitude muda conforme passa a usar suas habilidades para se tornar mais receptivo e animado.
6. Você aumenta seu nível de intimidade em todos os seus relacionamentos.

Por mais importante que seja nossa linguagem falada, segundo o estudo realizado em 1970 por Raymond Birdwhistle na Universidade da Pensilvânia, apenas 7% da comunicação é verbal. Os outros 93% são comunicados de modo inconsciente: 55% através da linguagem corporal e 38% pelo nosso tom de voz.

Esses sinais linguísticos "secretos" são, em geral, enviados e interprestados sem seu conhecimento consciente, já que a mente inconsciente comanda toda essa área da comunicação. As pessoas acreditarão no que seu corpo está dizendo, muito mais que em suas palavras, quando as duas comunicações estão em desacordo. Por exemplo, se alguém diz: "Eu confio muito em você", mas, ao mesmo tempo, balança a cabeça de um lado para o outro, você entende e acredita no oposto do que ele/ela está dizendo (ou seja, que, na verdade, essa pessoa não confia em você). Na Universidade de Harvard, psicólogos descobriram que a atitude que os alunos formavam em relação a um novo professor nos dois primeiros *segundos* de uma aula permanecia a mesma ao longo de todo o curso!

Essa é sua chance de desenvolver o vínculo em níveis consciente e inconsciente, o capacitando-o a dar início à construção de uma ligação duradoura em 90 segundos ou menos. Isso é possível? Claro que sim! Os bebês fazem isso sem o uso de qualquer forma de linguagem ou tom de voz. De maneira instintiva, eles copiam e espelham qualquer pessoa que aproxime seu rosto dos deles; sorrisos são trocados, é estabelecido contato visual e o toque é retribuído quando o bebê aperta seu dedo. A sobrevivência básica de um bebê depende das pessoas quererem dedicar seu tempo a ele. A reação dos bebês quando achamos tudo o que eles fazem muito "fofinho" não é coincidência. Mesmo antes do nascimento, o feto corresponde aos ritmos e às funções da mãe. É instintivo para as crianças imitarem, principalmente durante os primeiros sete anos de vida. Esse período é conhecido como a fase de *"imprint"*, quando copiar é uma forma natural para aprender sobre o mundo e os relacionamentos.

Estudos mostram que o contato visual durante os três primeiros meses de vida estabelece a aptidão de um adulto para conseguir intimidade emocional. Os bebês que não recebem troca de olhares ou um contato físico mais próximo, como é o caso dos prematuros que são colocados em incubadoras ou daqueles que têm uma mãe com poucos instintos maternais, não considerarão fácil mais tarde na vida estabelecer relações íntimas ou de reagir à intimidade.

Sharon me procurou para conseguir ajuda em sua carreira profissional. Ela era uma pessoa bastante agradável e bastante comunicativa em relações individuais. Mas havia uma situação de trabalho em que ela não se sentia muito à vontade – na reunião semanal com seus colegas de trabalho e seus gerentes. Ela desmaiava ou até vomitava quando as atenções se voltavam para ela. Ela também estava desenvolvendo problemas de ansiedade sempre que alguém olhava para ela em outras situações de grupo – no metrô, por exemplo. Essa não era uma maneira divertida de se viver.

Procuramos a raiz do problema de ansiedade e descobrimos que Sharon nascera prematura e tinha passado muito tempo em uma incubadora. As únicas vezes em que alguém vinha vê-la na incubadora era para retirar sangue ou fazer novos exames. Aqueles olhares voltados para ela nas reuniões semanais reacendiam nela aquelas memórias inconscientes internas armazenadas daqueles momentos menos felizes de quando era bem mais jovem.

Sharon conseguiu perceber e aceitar que aqueles antigos cuidados não eram uma ameaça, mas um mecanismo para salvar sua vida, e que os enfermeiros eram seus amigos e estavam ali para ajudá-la. Ela me telefonou feliz na semana seguinte ao nosso encontro e me disse que tinha gostado muito da atenção que recebeu de todos na reunião de trabalho e estava muito feliz com as mudanças que fizera.

Depende de nós, como adultos, pensar com cuidado no efeito que nossas palavras e ações podem causar nas crianças. Por exemplo, um estudo realizado na Califórnia com crianças pequenas, em que cada uma delas fora filmada durante uma semana, mostrou que, toda vez que se comunicavam com adultos por qualquer motivo, 85% do tempo ouviam a palavra "Não!".

As crianças que têm pais com poucas habilidades de comunicação, ou crianças que sofrem padrões de interferência emocional (que tendem a levar a criança a se desassociar ou se desconectar dos outros como forma de proteção), podem se encontrar em "desacordo" em suas palavras, linguagem corporal ou tom de voz sem perceber. A outra pessoa se sente incomodada quando está perto desse desajustado sem saber por que e, muito provavelmente, passará a evitá-lo no futuro, confirmando sua crença de que, de algum modo, ele ou ela não é querido pelos outros. Os ritmos do desajustado simplesmente não correspondem aos das demais pessoas, o que dá a impressão de que os outros não gostam dele.

Quanto mais nos parecemos com os outros, mais irão gostar de nós. De fato, é automático quando você conhece alguém que busque estabelecer um campo comum. Você pergunta sobre a vida deles, procurando algo sobre o que conversarem. Quando você encontra aquele ponto em comum, a relação avança de modo mais confortável. Se não encontrar convergências, você se afasta rápido. O fato é que você gosta de pessoas que são parecidas consigo.

Nós usamos nossos cinco sentidos para conhecer o mundo, pela visão, audição, tato, olfato e paladar. Os quatro principais sistemas que as pessoas usam para processar as informações que estão sendo recebidas são: visual, auditivo, sinestésico e auditivo-digital (diálogo interno); chamamos a eles de "sistemas representacionais". Cada um de nós tem um sistema ou sentido que tende a predominar. Para determinar seu próprio sentido predominante, tente se lembrar da última vez que tirou férias. O que mais se destacou para você a respeito do lugar que visitou? Foram as paisagens, os sons, como se sentiu, em que estava pensando ou no que os outros disseram durante o tempo que passou lá? (Você também pode acessar meu website e baixar o teste grátis para determinar seu próprio sistema representacional: *www.YvonneOswald.com*).

Pessoas com predominância visual representam 60% da população. Pessoas com predomínio visual possuem uma vantagem em relação aos auditivos e sinestésicos por sua habilidade para observar e copiar posturas, movimentos e sinais com maior facilidade. E, pelo fato de tenderem a usar contato visual com maior facilidade, parecem ser mais amistosas. Entretanto, todos usamos cada um dos sentidos, e nosso sentido predominante pode até mudar dependendo do contexto da situação.

Se não se sente tão à vontade com outras pessoas como gostaria, você pode aprender a aumentar sua acuidade sensorial, usando integridade e respeito pelos outros para criar reações mais calorosas. Você pode aprender as regras a seguir e aplicá-las com sucesso garantido. Finja até conseguir e, então, prepare-se para relaxar e deixar as coisas fluírem.

Goste de Mim! Goste de Mim!

Todos nós buscamos aprovação: de nossos pais, amigos, colegas e de nós mesmos. Sabendo ou não, de maneira instintiva, queremos ser amados e aceitos. Nossa sobrevivência dependia disso e, às vezes, ainda depende e, portanto, trata-se de algo interligado a nossas vias neurais. Você tem muito menos de dez segundos para causar aquela primeira impressão duradoura quando conhece alguém novo. Sua função é de garantir para os outros, no curto prazo, que você é confiável e, mais tarde, dar duro para criar laços mais duradouros se valer a pensa continuar o relacionamento.

A primeira coisa que alguém notará a seu respeito é o quanto você é confiante. O mais importante é descobrir e manter sua base sólida. Isso lhe dá confiança e é um ponto seguro para você estabelecer uma base para fazer com que se sinta bem.

Magia da Mente Nove

Base de Poder

Em primeiro lugar, olhe para seu umbigo. Coloque três dedos abaixo dele como se fosse acariciar a barriga; logo abaixo dessa marca fica sua base de poder, entre o umbigo e seu osso púbico. Basta voltar sua atenção para essa região agora (pode ficar de olhos fechados ou olhar para a frente com a cabeça um pouco erguida), erga um pouco o queixo, mantenha a coluna ereta e respire. Em instantes, você se sentirá mais calmo e mais focado. Sua base de poder é estabelecida com um pensamento, e uma rápida intenção é tudo o que é preciso para ativá-la.

Para provar para si o quanto essa área é poderosa, faça o seguinte exercício com um amigo. Peça que ele ou ela se posicione com a parte de trás de seus joelhos ou panturrilhas contra uma poltrona bem confortável ou um sofá macio (você irá empurrar seu amigo na direção desse assento, por isso o móvel deve inspirar segurança). Posicione-se à frente de seu amigo, com o ombro direito diante do dele se você é destro (ou vice-versa se for canhoto). Seus dois ombros devem ficar a uma distância de uns 15 centímetros. Coloque sua mão direita estendida sobre o esterno da pessoa bem no centro do peito e diga: "Quero que você olhe fixamente sobre e acima do meu ombro com os olhos sempre para cima, e pense em sua orelha esquerda. Me avise assim que conseguir e eu vou empurrá-lo para a cadeira. Quando eu fizer isso, resista ao meu movimento o máximo que puder. Vamos lá e comece a pensar em sua orelha esquerda agora". É bem fácil empurrá-lo para fazer com que ele ou ela se sente!

Peça a seu amigo para se levantar de novo e mostre-lhe onde fica sua base de poder. Mais uma vez, peça que ele volte a olhar por cima de seu ombro direito, mas, dessa vez, concentrado-se em sua base de poder. Você verá que a história será bem diferente. Sua resistência passa a ser muito mais poderosa porque passam a agir de modo muito mais centrado. Eu consegui empurrar com facilidade um homem de quase 115 quilos quando ele ainda pensava em sua orelha esquerda e não achei nada fácil derrubar uma mulher de 43 quilos enquanto ela se concentrava em sua base de poder!

Uma versão mais rápida desse exercício é sentar-se em frente a um amigo e pedir que ele ou ela converse com você enquanto pensa em sua orelha esquerda. Observe, em especial, os olhos. Depois, peça a seu amigo para conversar com a atenção em sua base de poder. Veja como ele ou ela parece muito mais confiante. Em qualquer situação, esteja você sozinho ou conhecendo alguém novo, converse enquanto pensa em sua base de poder e verá sua confiança e energia aumentarem.

Conhecendo Alguém Novo, Aula 101

Quando conhecer alguém novo, lembre-se desses cinco passos:

Passo Um – Confiança

1. Concentre-se em sua base de poder.
2. Avance com confiança. Se estiver sentado, basta sentar-se com a coluna ereta, ou fique em pé, enquanto gira o corpo para ficar de frente para a outra pessoa.

3. *Respire* e, conforme inspira o ar, levante um pouco as sobrancelhas e abra os olhos um pouco mais que o habitual. Essa simples suspensão das sobrancelhas automaticamente faz com que a outra pessoa se sinta bem-vinda e reconhecida. Você também pode abrir um meio sorriso, já que mostrar os dentes é um sinal de amizade na cultura ocidental.
4. Vire o corpo e a cabeça na direção da outra pessoa (um sinal de respeito), sempre mantendo contato visual (olhar para os lados demonstra nervosismo ou inferioridade).
5. Incline-se só um pouco na direção da pessoa enquanto demonstra confiança e cordialidade com um sorriso (de preferência, um sorriso largo ou uma série de breves sorrisos largos se isso o deixar mais confortável).

Tudo bem, já temos os dez primeiros segundos garantidos. Sim, eu disse dez segundos!

Passo 2 – O Cumprimento

É aqui que você começa a observar a outra pessoa e compartilha sua visão de mundo. Essa também é a parte formal do ritual, que avança de acordo com as palavras e o tato. Parte de ser humano significa sentir-se próximo de alguém que o toca e, por isso, é importante que você se envolva e pegue a mão da outra pessoa enquanto apenas repete o nome dele ou dela (o antigo truque dos políticos). Isso surte dois efeitos:

1. Ajuda-nos a fixar o nome da pessoa e relacioná-lo ao rosto para ajudá-lo a lembrar-se de quem são.
2. Faz com que a pessoa se sinta importante (as pessoas adoram ouvir o som de seu próprio nome).

Na segunda vez que encontrar alguém, um breve toque na parte superior do braço (entre o cotovelo e o ombro) substitui um aperto de mão e reestabelece a familiaridade e a afetuosidade.

Passo 3 – Igualando-se e Espelhando-se

Nossa *fisiologia* representa 55% de nossa comunicação. O processo de nos igualarmos e de nos espelharmos é como notamos nossa própria fisiologia e fazemos ajustes para que a outra pessoa se sinta mais confortável. É preciso ser *sutil* para que o outro não perceba o que estamos fazendo e pense que estamos zombando deles.

- *Igualar-se* – Faça com exatidão os mesmos movimentos da outra pessoa. Se ele ou ela mexer a mão direita, mexa sua mão direita um ou dois segundos depois. Se ele ou ela cruzar as pernas, faça o mesmo.
- *Correspondência cruzada* – Você iguala um comportamento com um movimento semelhante com outra parte de seu corpo. Se alguém cruza a perna, você cruza os tornozelos. Se alguém pisca rapidamente, você pode, por exemplo, bater os dedos da mão com suavidade no mesmo ritmo.
- *Espelhando-se* – Você imita os movimentos da outra pessoa. Se ele ou ela mexe a mão esquerda em direção ao rosto, você mexe sua mão direita em direção ao seu rosto, como se estivesse diante de um espelho.

Se estiver sentado com a outra pessoa, sente-se a 90° porque, assim, não ficará totalmente de frente para a visão dela. Igualar-se e espelhar-se precisa acontecer um pouco fora da percepção do outro indivíduo. Você pode copiar:

1. Postura – Adapte sua fisiologia à dessas outras pessoas. Elas estão inclinadas para a direita ou para a esquerda? Qual é o ângulo de sua coluna, a inclinação de seus ombros ou cabeça? Suas pernas estão cruzadas? Você pode preferir cruzar os pés. Isso funciona bem se a fisiologia de alguém não parecer muito amistosa – se, por exemplo, os braços da pessoa estiverem cruzados. Você pode, talvez, prender suas mãos com os dedos cruzados para modificar o comportamento dele ou dela.
2. Gestos – Se alguém levar a mão até o rosto ou cabelo, você pode suspender um pouco sua mão em direção ao rosto um ou dois segundos depois. Quando for sua vez de falar, você pode copiar os gestos dela. Se usarem gestos largos, faça com que seu gestual também se amplie. Se os gestos dela forem mais acanhados, também diminua a amplitude dos seus.
3. Expressões faciais, sorrisos e o piscar dos olhos – copie essas expressões, incluindo as de demonstração de tristeza, medo

ou raiva. Os sorrisos devem ser imitados de modo mais breve e não deixe de copiar os padrões correspondentes ao piscar dos olhos, embora seja importante tomar cuidado com esse último gesto e só copiá-lo se o piscar for em ritmo normal.

4. Acompanhe o ritmo de respiração das pessoas e a origem dessa respiração – São fôlegos mais ou menos profundos? As pessoas respiram conforme falam, portanto, faça o mesmo com sua respiração.

Você vai descobrir muito rápido que essa é uma técnica muito poderosa para aprofundar o vínculo. Verá também que passa a controlar o ritmo e liderar a conversa quando a outra pessoa começa a imitar e copiar os seus movimentos.

Sinais de Vínculo

1. Uma sensação como a de "borboletas no estômago" ou uma batida de coração mais acelerada.
2. Uma cor diferente no seu próprio rosto e pescoço e no da outra pessoa – um avermelhado mais acentuado ou um pequeno rubor.
3. Você nota que os dois se revezam no comando e na correspondência da linguagem corporal de modo automático.
4. A outra pessoa pode dizer algo como: "Eu sinto como se conhecesse você há bastante tempo", ou "Já não nos conhecemos antes?".

Se não se sentir à vontade logo de início para os processos de correspondência e espelhamento, uma das maneiras mais simples para o estabelecimento do vínculo é que você gire a cabeça para um dos lados e a incline com suavidade mantendo o contato visual. Esse movimento mostra que você aprova o que a pessoa está dizendo (algo que é sempre bem-vindo!) e que está permitindo que a outra pessoa domine a conversação. Se desejar acelerar essa pessoa, basta balançar a cabeça um pouco mais rápido e ouvir como a linguagem dela se torna mais veloz. Eles pensarão que você está tão fascinado que não pararão de falar. Também é natural olharmos e desviarmos o olhar durante uma conversa, por isso, se seus olhos começarem a lacrimejar, é porque você está encarando demais.

Para conseguir sua vez de falar, olhe algumas vezes para o lado, assuma uma postura mais ereta ou, talvez, inspire uma vez de modo mais perceptivo como se fosse começar a dizer algo. Se a pessoa ainda não entender o recado, você pode tentar levantar o dedo indicador como se estivesse em uma sala de aula esperando sua vez de responder a uma pergunta. Para encerrar uma conversa, balance a cabeça como se fosse fazer uma leve reverência, faça um breve movimento do corpo como se estivesse prestes a partir e certifique-se de que seu tom de voz pareça assumir a forma de uma afirmação ou de um comando (com uma queda de tom na última palavra): "Foi ótimo conversar com você. Telefone-me na semana que vem. Tchau!"

Passo 4 – Imite o Tom de Voz da Outra Pessoa

O tom de voz representa 38% da comunicação. Igualar o tom da voz da outra pessoa é a maneira mais rápida e sutil de ganhar vínculo. Quando alguém é apresentado a você, a primeira palavra provavelmente será: "Oi," ou "Olá," ou "Como vai?" Imite e ecoe esse tom, a velocidade, a qualidade e o volume desse cumprimento de maneira *exata* e sua aceitação imediata é garantida. Isso fica mais fácil quando falamos ao telefone, já que não temos que trabalhar nenhum tipo de correspondência fisiológica. Pratique quando telefonar para um amigo e, quando ele ou ela atender, imite todas as suas palavras ou o tom de voz *completamente*. Seu amigo saberá dizer quando você estiver no caminho certo porque ele ou ela se sentirá mais à vontade e talvez até diga que você parece muito mais amistoso.

Outro modo é sentar com alguém de costas um para o outro e repetir algo que a pessoa diz com a mesma profundidade e ressonância, como um eco. Se estiver fazendo direito, ele ou ela se sentirá muito mais confortável. É uma pequena diferença, porém muito importante, muito parecido como quando você cruza os braços de uma maneira e depois muda a posição. O jeito certo se encaixa com perfeição.

O tom de voz pode transmitir um monte de significados. Ele pode ser veiculado de três formas: como uma afirmação – no nível da voz; como uma pergunta – com uma elevação no final; como um comando – com uma queda de voz no final. Quando for responder a alguém, use a mesma inflexão nas últimas três ou quatro palavras usadas com você. Faça uma correspondência mais próxima possível;

o tom de voz (afinação); compasso (velocidade) – o mais importante; timbre (qualidade) e volume (altura).

Passo 5 – Linguagem

As palavras representam 7% da comunicação. Em situações frontais, você pode notar a fisiologia da outra pessoa para coletar pistas de comunicação, mas ao telefone, as palavras precisam transmitir maior significado. Em contextos auditivos e não visuais, a importância das palavras que usa varia de 7% a 18%! Isso torna o telefone uma excelente maneira de praticar suas habilidades de estabelecer vínculo porque você se transformará em um mestre das palavras sem precisar prestar atenção também à linguagem corporal.

Quando alguém atende ao telefone, você tem ainda menos tempo para ganhar aprovação do que quando conversa cara a cara, já que você é "julgado" a partir de sua primeira palavra. Pratique corresponder ao "olá" de cada pessoa até essa imitação se tornar de reprodução automática toda vez. Você vai notar que algumas pessoas falam mais devagar e outras são mais ligeiras. É muito importante que, mesmo que não lhe pareça muito natural, você iguale a velocidade e a tonalidade dos outros. Em geral, pessoas visuais ou auditivas tendem a falar mais rápido e pessoas sinestésicas/com diálogo interno falam mais devagar.

Como regra geral, os sistemas de representação que as pessoas usam para processar as informações podem ser divididos em quatro grupos. Uma boa forma de nos lembrarmos disso é: olhar, ouvir, pensar ou sentir.

1. Visuais – Elas tendem a falar mais rápido, têm uma voz mais aguda, são menos distraídas por ruídos e reagem a linguagens visuais como "olhe" ou "veja".
2. Auditivos – Sua voz, em geral, tem mais tonalidade (algo que nos faz lembrar um locutor de rádio), gostam de falar ao telefone, gostam de música e são mais facilmente distraídos por ruídos.
3. Auditivos-digitais – Essas são as pessoas que gostam de falar sozinhas. Para essas pessoas a linguagem deve ser lógica e fazer sentido para que compreendam o que está sendo dito. Elas pensam em sequências e gostam de um processo passo a passo.

4. Sinestésicos – Em geral, "sentem" a vida confiando em seus instintos ou sensações. Normalmente usam frases mais lentas e ponderadas e usam sentenças mais longas e complexas.

Por que é tão importante entender? Se quiser ser compreendido com facilidade e rapidez, você precisa se dirigir a alguém usando o mesmo sistema dominante *dele* ou *dela* para processar a informação. As pessoas simplesmente não consideram fácil ver sentido ou lidar com uma linguagem que não corresponde ao seu estilo representacional.

Imagine-se vivendo em um mundo onde há quatro diferentes idiomas sendo falados e ninguém se dá ao trabalho de aprender os outros três. Na verdade, isso já acontece. Nas sociedades ocidentais, nosso sistema educacional é desenhado para ser principalmente visual e, se seu sistema de aprendizado faz parte de uma das outras três categorias, talvez não tenha sido nada fácil entender muito daquilo que tentaram lhe ensinar, em especial, na hora de aprender a escrever. Por exemplo, ao escrever, crianças sinestésicas podem precisar acessar como se sentiram quando uma palavra lhes for apresentada pela primeira vez, em vez de verem imagens das letras ou da palavra. Crianças auditivas poderão tentar acessar o som da palavra em vez da imagem. Muitas crianças diagnosticadas com TDAH hoje simplesmente usam um sistema de aprendizado diferente do que é comumente utilizado em nossas escolas.

Zak era um cliente de 9 anos de idade, cuja mãe o trouxe para uma consulta. Ele era muito bravo e acabara de ser diagnosticado com TDAH e colocado em uma sala de aula separada. Ele parecia ser muito esperto e articulado, porém não fazia muito contato visual. Conversamos por alguns minutos e, então, perguntei-lhe o que ele pensava da escola. Eu comentei que ele parecia muito inteligente. "Não sou inteligente. Acabaram de me mandar para uma sala de pessoas burras. Eu não sei escrever", ele respondeu. Pedi que ele me fizesse um favor para que eu pudesse ajudá-lo, para apenas imaginar um lugar seguro na natureza. Como seria esse lugar? "Isso é fácil. Os pássaros estão cantando. As folhas estão balançando. Consigo ouvir o som da água e é um lugar bem tranquilo e silencioso". Todas as palavras-chaves que usou indicavam que seu sistema de aprendizado era auditivo.

Ele fechou os olhos e relaxou. Sua mãe disse-lhe que abrisse os olhos e olhasse para mim para se conectar. Ela repetiu isso diversas vezes até que, por fim, disse-lhe que tudo bem para mim se ele não olhasse, pois seu sistema era basicamente auditivo e ele, na verdade, conseguia me entender melhor quando não fazia contato visual. Ele estava processando o que eu dizia pela audição e, apesar de manter os olhos fechados, seus ouvidos estavam virados em minha direção.

Zak ficou muito satisfeito quando soube que poderia superar sua aparente lentidão se aprendesse a ler um livro segurando-o um pouco acima do nível dos olhos e à esquerda (a área onde buscamos lembranças visuais), para que, assim, suas vias de recordação visual fossem treinadas. Mostrei à sua mãe como fazer isso escrevendo a palavra "sucesso" (escrita metade em vermelho e metade em azul) e que a prendesse acima e à esquerda do rosto de Zak, logo acima do nível dos olhos, para ensiná-lo como fazer para acessar as informações de maneira correta. Pedi que Zak falasse a palavra. Dei a ele uma dica dizendo que a terceira letra soava como "s". Ele conseguiu acertar em bem pouco tempo.

Depois, pedi que ele a soletrasse, letra por letra, fechasse os olhos, abrisse os olhos, fechasse os olhos e soletrasse. Foi divertido pedir que Zak fechasse, abrisse, fechasse, abrisse e, então fechasse os olhos e soletrasse a palavra de trás para a frente! Ele tirou de letra e abriu um sorriso largo. Sua mãe ficou surpresa. Eu expliquei que a função dela seria lembrá-lo de usar esse método divertido sempre que ele precisasse aprender uma palavra nova e que o ensinasse a segurar o livro logo acima do nível dos olhos quando estivesse aprendendo coisas novas. Também pedi a Zak que fingisse que olhava para mim em vez de realmente olhar. Ficamos conectados por duas horas bastante agradáveis. Usei linguagem auditiva para conversar com ele e lembrei-lhe de fingir olhar para mim de vez em quando.

Quando foram embora, sua mãe estava bastante admirada com o fato de o garoto ter ficado quieto e interessado por tanto tempo. A certa altura, quando lhe dei algumas sugestões positivas, ele estava tão relaxado que seus olhos estavam fechados e ele estava quase dormindo. Sua mãe me contou mais tarde que ele ficou muito contente por, finalmente, ser entendido e que ela continuava fazendo seu melhor para se lembrar de usar palavras auditivas com ele. Seu comportamento também mudou porque ele não se sentia mais tão frustrado.

Meu marido Will (auditivo) e eu (visual) não concordávamos muito (isso, na verdade, é um eufemismo) até que, finalmente, nós entendemos por que não conseguíamos nos comunicar bem. Cada um de nós usava seu próprio sistema de representação para falar com o outro. Ele dizia: "Você está ouvindo o que estou dizendo?" e eu respondia: "Você não consegue ver o que estou explicando." Mudamos nosso jeito de falar; ele agora diz: "Você agora vê o que eu quero dizer?". "Sim, estou ouvindo você,", respondo, e é como se, na realidade, falássemos, finalmente, a mesma língua.

Aqui vão alguns exemplos de como você pode usar as palavras para se relacionar com os outros enquanto fala:

Visuais (V): *Você está com um aspecto incrível. Eu vejo o que você quer dizer.*

Auditivos (A): *Eu ouço o que você está dizendo. Soa que você está me escutando.*

Auditivos-digitais (D) (Pense "naqueles que conversam sozinhos"): *Penso que tudo o que está dizendo faz sentido. Eu compreendo o que você está pensando.*

Sinestésicos (S): *Eu consigo sentir que você está bem. Estou pegando.*

Basta ouvir as palavras que a pessoa usa e você descobrirá rápido qual é seu principal sistema representacional.

Observe uma ou duas palavras-chaves quando falam e passe a repeti-las em suas próprias frases. Uma vez que o vínculo é estabelecido, você pode se tranquilizar porque perceberá que eles se sentem mais confortáveis e conectados a você. Você irá se surpreender com a rapidez com que as pessoas parecem gostar de você.

Existe uma enorme variedade de palavras que pode e usa em cada sistema representacional. A lista de predicados no apêndice o ajudará a se familiarizar com as palavras sensoriais preferidas por cada sistema representacional.

A Linguagem dos Olhos

Fica fácil descobrir que sistema representacional a pessoa usa de forma mais predominante se observarmos os movimentos de seus olhos. Um estudo da Universidade de Stanford dos padrões de movimentos oculares do final da década de 1970 descobriu que as pessoas mexem os olhos de acordo com o fato de estarem visualizando imagens, ouvindo sons, acessando seus sentimentos ou falando consigo.

As pessoas visuais costumam fazer mais contatos visuais e olhar para cima se você pedir que pensem em alguma coisa, já que tentam enxergá-la em sua mente (em geral, olham para cima e para a esquerda, à sua direita, se estiver de frente para elas). Em geral, cuidam da aparência, já que "parecer bem" é algo importante para essas pessoas. Normalmente, têm boa postura e ombros tensos.

Pessoas auditivas não consideram o contato visual tão necessário. É comum penderem a cabeça para um lado sem olhar diretamente para você, como se estivessem ouvindo. Seus olhos podem se mexer de um lado para o outro na horizontal enquanto "ouvem" por dentro. Adoram ritmos e quase sempre estão batendo em uma cadeira ou uma mesa. Você vê com frequência pessoas auditivas mexendo os lábios enquanto pensam, como se estivessem falando consigo. O rádio está sempre ligado quando estão em casa ou no carro.

Pessoas auditivas-digitais (conversa interior) olham para baixo e à direita quando você fala com elas, já que falam consigo mesmas e decidem como responder. Elas podem, às vezes, parecer um pouco dissociadas e tensas, já que vivem dentro de suas cabeças mais tempo que a maioria.

Pessoas sinestésicas olham para baixo e à esquerda quando você olha para elas, elas estão acessando sua sensação sobre as coisas. Tendem a ser polivalentes, indivíduos mais relaxados, com lábios mais cheios e uma postura corporal que parece mais inclinada formando um arco com os ombros. Respiram de maneira mais profunda e têm um jeito mais descontraído e um tom de voz mais profundo. Escolhem roupas que lhes proporcionem mais conforto em vez de na moda.

Quando você usa o modelo ou maneira da pessoa de vivenciar o mundo, a comunicação é mais suave e você pode estabelecer o vínculo com maior rapidez. A outra pessoa sente que você a conhece em um nível mais profundo e irá se lembrar de você. Nos negócios, já se provou que esses conceitos garantem melhores resultados. Debra Burns, a fundadora e diretora geral da *Boss Model Management*, a maior agência de modelos fora de Londres, na Inglaterra, escreveu me dizendo o seguinte:

> *Pensei em escrever algumas palavras para lhe dar um retorno a respeito de seus novos métodos revolucionários. Após completar os exercícios e, em seguida, apresentá-los à minha equipe, os resultados já têm se provado úteis nas relações entre os membros de minha equipe interna (às vezes muito carregado nesse ambiente tão agitado e frenético), e também com os modelos com quem trabalhamos em base diária.*
>
> *Usamos também as ideias em oficinas – que são oferecidas gratuitamente e disponibilizadas a todas as pessoas com quem iniciamos contatos. A mudança de linguagem faz muito sentido. Não consigo acreditar que esse é um conceito totalmente novo e, para mim, quanto antes o adotamos, melhor é! TODAS as pessoas envolvidas têm sido mais claras em suas comunicações e se sentem mais confiantes como resultado porque começam a se entender mais (modelos nem sempre são pessoas fáceis). Como consequência, todos, de repente, parecem ter alcançado mais sucesso em suas seleções quando são chamados para testes. Sei que há por aí milhares de livros de autoajuda e outros guias disponíveis, mas sua ideia realmente se destaca e você merece todo o reconhecimento por seu trabalho. Ele é conciso, objetivo e funciona.*

A partir daqui, você verá as mudanças drásticas em seu pensamento e comportamento começando a dar resultados. Chegou a hora de passar a usar uma linguagem mais feliz enquanto passamos a descobrir como dar um superimpulso em sua vida colocando os conceitos para funcionarem nas áreas de suas relações pessoais e na determinação de suas metas.

Recapitulando

1. Você já possui todos os recursos de que precisa para uma comunicação eficaz.
2. A resposta que recebe de outras pessoas se baseia em sua maneira de transmitir o que está pensando.
3. Os quatro sistemas representacionais que as pessoas usam para processar informações são: visual, auditivo, auditivo-digital e sinestésico (ver, ouvir, pensar, sentir).

4. A comunicação é formada por 7% de palavras, 38% por seu tom de voz e 55% de linguagem corporal.
5. As pessoas acreditam mais em seus sinais inconscientes do que nas palavras que diz.
6. Cabeça para um lado, como se aprovasse o que ouve, é sempre um sinal amistoso.
7. Quando compreendermos a nós mesmos e aos outros, conseguiremos a paz mundial.

Capítulo Seis Plano de Ação

1. Telefone para um amigo e pratique a correspondência exata de seu tom de voz e as palavras que estão usando, sem dizer a eles o que está fazendo.
2. Sorria para todas as pessoas que encontrar hoje (e todos os dias).
3. Destaque três palavras de cada lista da tabela de Predicados dos Sistemas Representacionais (veja o apêndice) que se sinta à vontade para usar e, depois, pratique-as.
4. Acesse *www.YvonneOswald.com* e imprima o Teste de Sistemas Representacionais no ícone "*Great Free Info*" ("Importantes Informações Gratuitas") para descobrir qual é seu próprio sistema representacional.
5. Para descobrir o sistema representacional de membros de sua família, ouça as palavras que usam. Em seguida, converse com eles usando as palavras usadas por eles e veja a diferença nas reações que obtém.
6. Pense em seu centro de poder neste momento e respire fundo inspirando uma boa quantia de energia para dentro dele.

7

O Poder dos Relacionamentos

"Amar outra pessoa é ver a face de Deus."
– Jean Valjean em *Os Miseráveis*

Os relacionamentos são o combustível da vida. Mesmo se você veio de uma família problemática (e quem não veio?), a responsabilidade pelo sucesso de todos os seus relacionamentos é sua. Sua família é o produto de uma série de padrões herdados: os negativos que você pode escolher observar e mudar, e os padrões positivos que você pode alimentar e tornar mais fortes. Os relacionamentos de fora de seu núcleo familiar são 100% resultantes de sua escolha. Sendo assim, a pergunta é a seguinte: você tem se nutrido de maneira devida cercando-se de relacionamentos saudáveis, ou continua visitando aquele velho café de relacionamentos vazios?

Relacionamentos maravilhosos baseiam-se em dar e receber afeto, carinho, compreensão, aceitação, amor, gentileza, ternura, abraços, acolhimento, diversão, sinceridade, verdade, integridade, inteligência, honestidade e confiança, além de sentir respeito por si e por todas as pessoas que encontra. Ser amado e compreendido lhe permite sentir-se validado e digno. O valor que você coloca em cada momento de sua vida fica refletido no tipo de pessoas com que se cerca no ambiente de trabalho e em seu lar. Na realidade, seus relacionamentos *são* seu lar. Eles são seu santuário, seu jardim de cura.

Na vida, a energia está sempre sendo intercambiada, sendo a maior parte dela fora de sua percepção consciente. Em um relacionamento, você pode, de fato, sentir a troca de energia porque você se sente bem, ou não tão bem, quando está na companhia de outra pessoa. Em seus relacionamentos, você tem as ligações emocionais mais fortes, por isso, as palavras que usa estão carregadas de possibilidades para a conquista de resultados incríveis, ou não tão incríveis assim. Prepare-se para abrir sua mente e crescer, e para aprender a pensar e falar de maneira solidária com todos ao seu redor. Os melhores relacionamentos são aqueles que lhe permitem ser livre para ser você mesmo.

A coisa mais fantástica sobre relacionamentos é que todas as pessoas que você conhece estão lhe mostrando o quanto você está bem conectado com seu inconsciente ou mente interior, porque você só pode notar qualidades nos outros que tem bem definidas, ou não tão definidas, em si. As pessoas e os encontros que permite "se manifestarem em sua vida" são os que lhe oferecem as melhores lições. Se usar as experiências com sabedoria, perceberá que o que recebe é um presente que conduz a uma melhor solução, além de se sentir bem com relação a si e à outra pessoa. No capítulo 2, você descobriu que o que mais gosta nas outras pessoas é aquilo que os outros mais admiram em você. Agora, é chegada a hora de descobrir até onde você pode chegar.

Palavras do Dia a Dia... Resultados Emocionantes

Quando você usa palavras de baixa energia, a pessoa com quem está falando, em pouco tempo, começa a associar você a essas palavras. Por exemplo, se eu disser a alguém: "Eu não estou criticando-o (sendo "crítica" uma palavra de baixa energia), só estou tentando entender você," a mente inconsciente dela, sem pestanejar, irá me associar a "críticas" e continuará a fazer essa associação.

Quando uso palavras de alta energia, também mudo meu tom de voz e a pessoa, em segundos, muda seus sentimentos sobre mim como reação. Por exemplo, se, ao contrário, eu disser a alguém: "Que maravilha! Por favor, me explique como isso funciona", seu inconsciente, então, me associa à palavra "maravilha" e com todas as sensações que combinam com "maravilha".

Rose-Anne me escreveu após uma sessão particular, dizendo que percebeu rápido, depois que voltou para casa, como seus padrões linguísticos internos e externos de fato estavam gerando mais estresse em sua vida. Seu primeiro passo para mudar esse padrão foi apenas observar, ou prestar mais atenção, à frequência com que escolhia palavras não apoiadoras em seu discurso diário. Depois de muita prática e paciência, uma simples mudança positiva em seu vocabulário (fazendo da "troca" um jogo) melhorou muito sua vida familiar com os filhos e o marido. Quando ela voltava a usar palavras de baixa energia e dizia algo como: "Não fale comigo desse jeito", sua filha a lembrava de "trocar" as palavras e respondia usando palavras de alta energia como: "Obrigada por baixar seu tom de voz". Ela e a filha foram capazes, assim, de achar soluções, seguindo essas trocas, em vez de muito mais incompreensão.

Outro benefício foi que quando mudou as suas palavras em suas relações de negócios, suas vendas e lucros começaram a decolar. Sua irmã é professora e usou os princípios de pensar e falar com palavras de alta energia em sua sala de aula. Ela também relatou enorme sucesso, dizendo que sente agora uma atmosfera mais feliz e mais aberta entre os alunos.

Um cliente, Daniel, é presidente de uma empresa do ramo de vídeos de saúde e boa forma. É um homem alegre e modesto e, embora seja bom no que faça, desejava algo mais gratificante em sua carreira. Quando aplicou os princípios da troca em seu linguajar, ele também descobriu que os efeitos positivos o motivaram a mudar sua perspectiva de vida. Ele começou sua própria empresa, algo que sonhava em segredo fazer há algum tempo, e se tornou tão habilidoso usando padrões de troca de vocabulário que conquistou a segurança e a habilidade para apresentar suas ideias e conceitos comerciais para seus colegas e clientes com grande sucesso. Como resultado, seus negócios decolaram e continuam a prosperar, e Daniel está alcançando seu potencial máximo, desfrutando de sua criatividade e se aproxima cada vez mais de seus objetivos.

Você pode usar cada uma das estratégias discutidas até aqui para fazer com que todos os seus relacionamentos funcionem bem. Está na hora de se conectar com todos de uma forma mais simples e mais confortável. A necessidade que temos de nos conectarmos é algo básico; comum aos animais e aos seres humanos, machos e fêmeas, ricos ou pobres. Parte de nossa humanidade reside na necessidade de nos sentirmos integrados e alinhados com o amor universal e carnal. Por que nós, então, às vezes, sentimos como se não pertencêssemos ou não pudéssemos nos conectar a nada?

Minha teoria é que, até certo ponto, todos nós temos áreas de nossa personalidade que se sentem assim, como um bolo que ainda não está completo:

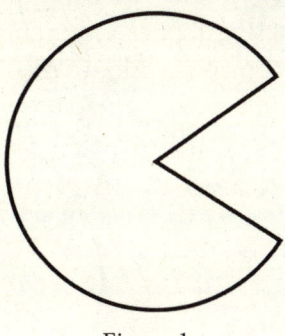

Figura 1

Agora, *semelhante atrai o semelhante*, lembra? Tudo o que você consegue atrair quando seu bolo não está completo é outro bolo com um pedaço faltando.

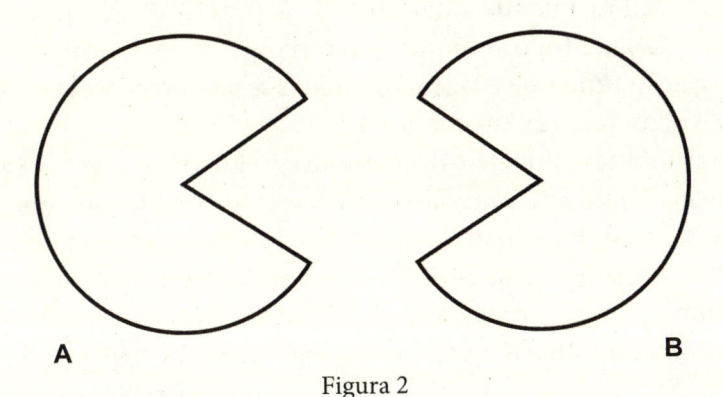

A   B

Figura 2

Mãos para cima, todos vocês cuidadores ou guardiões!

No diagrama acima, "A" (o cuidador) diz: "Eu reconheço você! Você é exatamente como eu! (Ou, de maneira mais simples, "Eu gosto muito de você!") Deixe-me ajudá-lo a preencher esse vazio com amor, carinho, cozinhando e por aí vai. Vou organizar sua conta bancária, ajudá-lo a conseguir um emprego, ou se preparar para ser o que quiser ser".

"B" (o receptor) diz: "Muito obrigado!". Infelizmente, a incompletude de B só será preenchida temporariamente pelos cuidados de A, já que só podemos ser totalmente completos de dentro para fora, e não o contrário. Além disso, para preencher o círculo de B, A tem que usar parte de seu próprio círculo. O resultado?

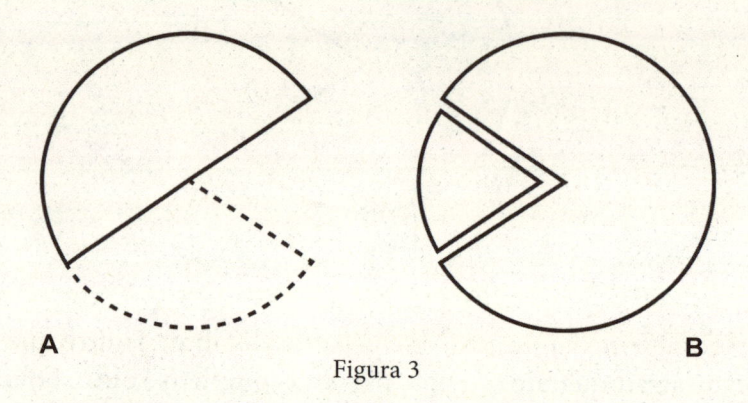

Figura 3

Essa é uma imagem de como a codependência acontece. "A" sente-se melhor quando está junto de B porque B tem tudo que A precisa (ou seja, todo o tempo e esforço gasto tentando fazer com que a relação funcione e fazer com que B se sinta completo). "A" não se sente bem quando está longe de B.

Aristófanes, o poeta e dramaturgo grego, disse que cada pessoa é metade de uma única unidade de amor e que o objetivo é encontrar a outra metade. Eu não creio que isso seja verdade. Só quando completamos nosso próprio círculo, é que podemos atrair outra pessoa que também é um círculo completo. Assim, essa figura também é o símbolo do infinito e o número oito, que na numerologia é o número de poder, dinheiro, sucesso e autoestima. Está na hora de você aprender a ser também um bom receptor.

Por incrível que pareça, já foi provado que quando as coisas não vão bem com alguém, fazer algo agradável, como tomar um café ou elogiar a pessoa, faz com que você se sinta melhor na presença dele ou dela. Uma amiga, que também era uma colega de trabalho, sentiu-se solidária quando uma cliente ficou irritada durante uma aula minha. Eu disse à amiga que estava realmente tentando encontrar algo de bom naquela cliente em que eu pudesse focar. Ela me disse, com muita sinceridade: "O cabelo dela é bem bonito." Aquilo me fez rir tanto que fui capaz de ver o lado engraçado da situação e passei a receber a cliente como alguém que estava ali dando o melhor de si. Eu sorri para a cliente e ela, quase que de imediato, começou a se descontrair.

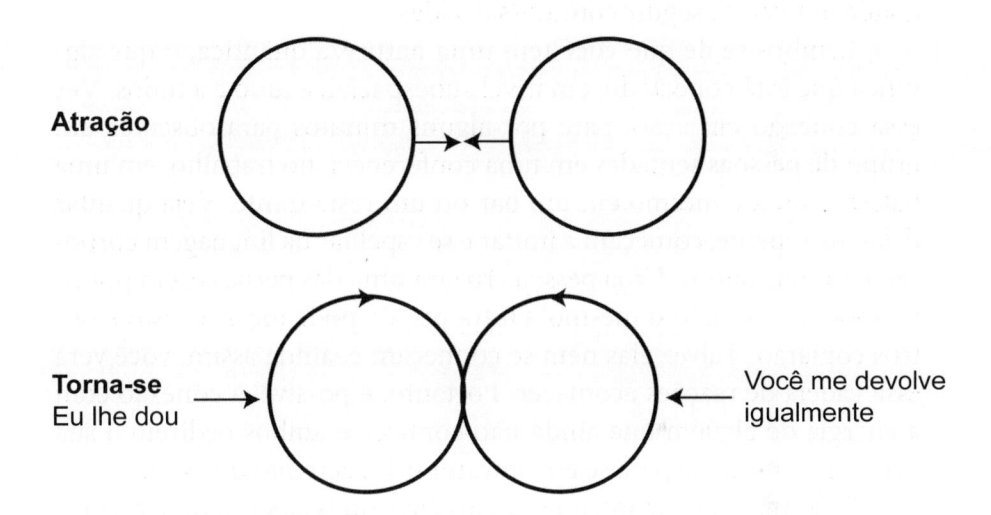

Atração

Torna-se
Eu lhe dou

Você me devolve igualmente

Relações: Tempo e Momento

Há alguns anos tinha um comercial maravilhoso na televisão. A Srta. Smith caminhava pela rua, carregada de pacotes. O Sr. Jones estava em ângulo reto com ela, prestes a atravessar a rua. O anúncio, depois, mostrava o futuro; ele iria esbarrar nela, levá-la para tomar um café como forma de se desculpar, casar-se com ela, viver uma casa adorável, ter dois filhos lindos e viverem felizes para sempre. Em seguida, o comercial volta ao tempo presente e à antecipação do encontro. A trilha sonora do anúncio era algo parecido com a música do filme Tubarão (*Jaws*) quando o Sr. Jones se aproximou da Srta. Smith: ("Tu-ru-Tu-ru-Turu-turu-turu-turu!") e, assim que ele a alcançou estava, passou direto por ela e parou em frente a uma loja. No fim do comercial, o anunciante dizia: "Ele devia ter usado um relógio *Timex*!".

Isso descreve *exatamente* como as relações funcionam. Ou conhecemos a pessoa certa na hora certa, ou aquela não é a pessoa certa ou o momento certo. Quando estamos em um relacionamento que não vai bem, precisamos confiar no efeito "de raspão" e continuar com nossas vidas, em vez de esperar seis semanas, seis meses, seis anos ou seis vidas inteiras! Todos nós, em alguma altura da vida, ficamos parados na frente da loja, esperando por uma pessoa inadequada em vez de seguir com nossas vidas.

Lembre-se de que você tem uma natureza quântica, o que significa que está conectado, em nível subespacial, a tudo e a todos. Ver essa conexão em ação, pare por alguns minutos para observar um grupo de pessoas sentadas em uma conferência, no trabalho, em uma palestra, ou até mesmo em um bar ou um restaurante. Veja quantas delas, de repente, começam a imitar e se espelhar na linguagem corporal umas nas outras. Uma pessoa cruzará uma das pernas e, em pouco tempo, outros farão o mesmo. Outra pessoa pode tocar o rosto e outros copiarão. Talvez elas nem se conheçam e, ainda assim, você verá essa cadeia de reações acontecer. Portanto, é possível a conexão com a energia de alguém que ainda não conhece e ambos pedirem à sua mente inconsciente para se encontrarem? Eu acredito que sim.

Se ainda não encontrou seu parceiro, ou se apenas deseja se reconectar com a pessoa que já está em sua vida, essa visualização funciona muito bem. Antes de tudo, escolha a data exata que gostaria de ter seus sonhos realizados (seja um tanto realista aqui). Em seguida, faça o seguinte exercício:

Magia da Mente Dez

Permita-se ficar em uma posição confortável com sua coluna ereta. Feche os olhos. Imagine-se flutuando acima de seu corpo. Continue flutuando até a data exata que deseja seus sonhos realizados. Assim que se posicionar acima do acontecimento, observando-se logo ali embaixo com o amor de sua vida, imagine-se descendo nesse cenário e entrando de volta em seu corpo e sinta, realmente, o fato se concretizando.

Realce as cores; aumente os sons, pensamentos e sensações. Imagine as emoções fortes e vigorosas, e sinta aquele "estalo" enquanto abraça ou enlaça seu amor.

Onde você está? Quem mais está lá? É uma comemoração, ou você está sozinho com seu parceiro? Sinta os sorrisos por dentro e, quando puder quase saborear a sensação, volte a flutuar acima da imagem e observe-se e à outra pessoa apaixonados e felizes ali embaixo. Faça quatro respirações profundas para dentro da imagem para dar-lhe vida e depois estale os dedos para prender aquele momento ao lugar e à hora que escolheu.

Gire e volte a olhar para agora, ainda flutuando sobre a imagem. Peça à sua mente inconsciente (ou Deus, se preferir) para alinhar e realinhar todos os acontecimentos de agora até o futuro e depois de volta ao agora, para dar apoio à obtenção de tudo o que deseja. Observe um raio de luz do sol soprando-o de volta ao presente. Depois, flutue de volta ao agora e abra os olhos.

O Vínculo Matrimonial

Por que temos uma necessidade profunda de nos casarmos ou de prometermos ficar com alguém? Porque você casa com sua mente inconsciente. Deixe-me repetir: você casa com sua mente inconsciente. Isso significa que qualquer área de sua vida que não esteja em harmonia virá à tona quanto mais você se entrega a um casamento, para que seja resolvida e liberada.

Uso a palavra "casamento" para me referir a um compromisso ou uma união entre duas pessoas, incluindo situações de leis comuns e relacionamentos homoafetivos. O casamento é uma valorização da outra pessoa e um compartilhamento de objetivos mútuos em benefício de ambas as pessoas envolvidas. O casamento, para mim, é uma promessa sagrada. Quando começamos a falar de coisas sem importância, meu marido Will me lembra: "Prometemos no dia de nosso casamento que não faríamos isso". Em poucos segundos me vejo de volta àquele dia maravilhoso em que me senti como uma princesa.

Então, como você faz para manter o casamento vivo e aceso ao longo dos anos? Como ponto de partida, defina o sistema representacional de seu parceiro. Ele ou ela é mais visual, mais auditivo ou mais sinestésico? Com frequência, as dificuldades de comunicação acontecem pelo simples fato de seu parceiro usar um filtro sensorial diferente do seu. Quando os dois entendem e usam essa percepção em sua comunicação, a relação fica muito mais fácil.

Outro componente importante é garantir que cada um de vocês tenha interesses fora da relação e um sentido de propósito na vida, tanto individual quanto em conjunto. Manter um senso de humor também é essencial. A palavra que deve sempre ser mantida em mente quando conversar com seu parceiro é "gentileza". Se não conseguir agir assim, emoções desagradáveis surgem mais rápido do que uma enchente repentina.

A Dra. Carrie Bailey, psicóloga e advogada, vinha tendo problemas em seu casamento. Ela não percebeu que seu marido era auditivo-digital e, por isso, falava de seus sentimentos e o que via acontecer na relação dos dois – e não chegava muito longe. Quando passou a falar sobre o que mais fazia sentido para ela e perguntou-lhe o que pensava das coisas, foi como se ele se acendesse. Ela me escreveu, dizendo:

> *Quando percebi que meu linguajar tinha transformado minha vida de maneiras inesperadas, essa percepção me mostrou o que eu devia curar. Aprendi que qualquer pensamento desagradável que eu tinha vinha com uma sensação ruim correspondente. Quando comecei a mudar meus pensamentos de maneira consciente, os sentimentos em relação ao meu marido ficaram mais amorosos e acolhedores. Foi como se meu coração estivesse se expandindo e eu o visse com um olhar compassivo. Nossas interações se tornaram mais positivas porque ele se predispôs a usar as mesmas ferramentas. Felizmente nos apaixonamos um pelo outro mais uma vez.*

Elogie e Valorize

Naquela descarga inicial de amor, nós elogiamos, elogiamos e elogiamos! Dizemos: "Eu gosto de você porque você é tão lindo e talentoso. Você é ótimo com as pessoas, sabia? Adoro estar com você". Com o tempo, isso pode se transformar em algo assim: "É sua vez de tirar o lixo. Ah, e você pode tirar aquelas meias e aqueles sapatos que deixou no corredor. Obrigado".

Aqui está um exercício de comunicação que você pode usar. Quando estiverem os dois sozinhos, pergunte: "Do que você ainda gosta em mim?". (Se seu parceiro responder: "Eu gosto... mas" diga-lhe para dar um jeito de editar os "mas" – só elogios, por favor!) Essa pergunta pede a seu parceiro para se lembrar do motivo de ele ou ela ter escolhido estar com você antes de tudo, em vez de pensar sobre as coisas que você *não* tem feito. Se, às vezes, você sente que não estão se comunicando de maneira ideal, diga algo bom ao seu parceiro em vez de qualquer coisa que estivesse para dizer. Às vezes isso não é fácil. Eu sei! Contudo, abre portas. A pessoa mais flexível no relacionamento sempre saberá o que fazer para promover o crescimento.

Existe também uma técnica maravilhosa conhecida como a "Sanduíche de Retorno". Diga o seguinte para a pessoa com quem você quer uma comunicação melhor:

1. O que você gosta/adora na pessoa, ou o que acredita que ele/ela faz bem.
2. O que gostaria de ver acontecer para que se sentisse mais amparado(a).
3. Que, de modo geral, o trabalho que ele ou ela faz é excelente e que você, de verdade, reconhece seu esforço.

Isso funciona muito bem com colegas de trabalho, filhos, família e amigos. Você descobrirá a eficácia desse exercício quando aceitarem seus comentários como um elogio e mudarem exatamente como você espera que mudem!

Se quiser que uma relação continue dando certo, duas coisas precisam acontecer. Primeiro, seus sentimentos em relação a outra pessoa precisam permanecer positivos e as estratégias amorosas de ambos os parceiros precisam continuar sendo satisfeitas. Os dois devem saber o que fazer ou dizer para fazer com que o outro se sinta amado. Como você descobre isso? Basta perguntar o que é importante para eles relativo ao amor e à intimidade. Seja específico nesse quesito. São as pequenas coisas que fazem a diferença.

E, em segundo lugar, se o relacionamento não estiver funcionando mesmo, se um de vocês já tiver se afastado ou se a mágoa for profunda demais, estipule um "prazo de validade" ou uma data de "consumir preferencialmente até", e *avise* seu parceiro de antemão.

"Não estou nada feliz com nosso relacionamento. Você quer continuar assim ou está disposto a trabalhar comigo para vermos se conseguimos melhorar até o final deste verão/das festas de Natal/Hanuká?" Quando estabelecemos uma data, implica que a relação será reexaminada ou encerrada nesse prazo, para que ambos possam seguir suas vidas.

Os melhores casamentos que já vi são aqueles em que cada parceiro sente prazer com as realizações e as conquistas do outro. Em geral, a frase começa assim: "Sinto tanto orgulho dele (ou dela) porque...". Nós sempre estamos orgulhosos e nos vangloriando de nossos filhos. Seria adorável se pudéssemos valorizar nosso casamento assim.

Os Filhos – O Maior Tesouro do Mundo

Seus filhos não são seus filhos.
São os filhos e filhas da ânsia da Vida por si.
Vêm por meio de vocês, mas não de vocês.
E embora estejam com vocês, eles não pertencem a vocês.
Vocês são os arcos dos quais seus filhos
são arremessados como flechas vivas.
– Kahlil Gibran, O Profeta

Nossos filhos são os detentores da chave do futuro da humanidade e só quando os ensinar a se comunicarem bem nos relacionamentos é que você pode garantir sua felicidade. A famosa cantora Celine Dion parece ter tudo: beleza, dinheiro, sucesso, romance e fama. E, ainda assim, ela diz que se existe um segredo da felicidade na vida, ter um filho é esse segredo.

Para mim, é um privilégio ser mãe, algo que valorizo demais, porque tive que esperar muito tempo para ter minha filha. Converso com ela desde o momento em que foi concebida (na verdade, acho que até *antes* disso). Eu caminhava sob o sol e falava com ela sobre a brisa que eu sentia meu rosto. Eu entrava no banho e jogava água sobre minha barriga com ruído e lhe dizia o quanto ela iria adorar a água (ela adora água). Fiz terapia para me preparar para seu nascimento e eliminar qualquer ansiedade.

Quando ela tinha 4 anos, perguntei-lhe casualmente se ela se lembrava de seu nascimento.

"Sim, estava escuro e depois tudo ficou claro."

"Você se lembra da música bonita que estava tocando?", eu perguntei.

"Não, mas eu me lembro de um cheiro bem gostoso. Meu bumbum ficou *muito* dolorido por três dias. E eu me lembro do papai falando." Katie estava em posição pélvica no dia do parto e, por isso, seu bumbum ficou escuro e azulado; é incrível que ela, de algum modo, soubesse disso.

As crianças se lembram de bastante coisa entre 3 e 4 anos de idade. Depois, a "nova" personalidade começa a se integrar e as lembranças se apagam. Katie não se lembra mais do dia em que nasceu. Porém, eu sempre conversei com Katie – mesmo quando ela era um bebê – como se ela entendesse tudo que eu dizia. Lembre-se de que sua mente inconsciente está ouvindo e tomando nota. Ela acredita que tudo que diz a uma criança é algo que você acredita a seu respeito. Faça as coisas de outra forma e faça a diferença.

Somos os Guardiões do Espaço Sagrado

Toda criança acredita que seus sonhos virarão realidade. Você consegue criar as palavras que podem levar uma criança a acreditar que ela aprende muito rápido, ou que suas ideias são ótimas, ou que fez as melhores escolhas possíveis? Você é capaz de enxergar todos os atos de uma criança como sendo um comportamento interessante? Você consegue apenas perguntar "Por que motivo?", quando uma criança faz birra e acha graça da situação? Foque na ação, não na criança, e aceite e busque uma solução sem punição. O castigo, em geral, dá nascimento a pensamentos e palavras de baixa energia e só serve para "ancorar" ainda mais o comportamento de baixa energia na criança. Pergunte à criança o que ele ou ela poderia fazer diferente para conseguir um resultado mais satisfatório. As crianças sabem. Elas estão em contato com a sabedoria interior profunda.

Por fim, essas experiências e instruções de baixa energia podem impactar a maneira de uma criança (e, mais tarde, o adulto) encarar e reagir à vida. A voz interior de baixa energia é o diálogo interno que interfere com o sucesso porque bloqueia o canal de comunicação da fonte de abundância. Quanto menos feliz alguém é, mais fragmentado e instável se torna, afastando-se cada vez mais daquilo que desejam ter, ser ou fazer.

É com nossos filhos que temos a chance de mudar o mundo para torná-lo um lugar mais feliz. Em minhas sessões de terapia, já ajudei centenas de pessoas a voltarem ao tempo antes de seus nascimentos, de volta ao momento de sua concepção. Quando pergunto que lição esperam aprender, as respostas dos clientes são simples:

- "Amar e ser amado."
- "Ser autoconfiante."
- "Cuidar dos outros."
- "Aprender a receber."
- "Vencer."
- "Aprender que a vida nem sempre é fácil."

Para que possam atingir seu potencial máximo quando adultos, nossos filhos precisam ser amados e aceitos por completo por pais que amam a si e um ao outro. A felicidade e a autoestima são frutos do amor.

O gráfico na página 169 mostra a progressão do amor nas crianças ou adultos, com o lado esquerdo mostrando movimentos positivos e de alta energia, e o lado direito mostrando o oposto. As palavras são tão importantes!

Exercício do "Lugar Seguro"

A noite nem sempre é fácil para uma criança, pois elas têm uma imaginação tão fértil. Elas estão mais ligadas à mente inconsciente e, por isso, a mente libera um acúmulo emocional diário de maneira mais veloz e fácil. Faça esse exercício de cinco minutos como rotina para ter uma boa noite de sono.

Segure a mão da criança e fale em tom suave:

Feche os olhos. Vamos fingir.

Vamos lá! Vamos encontrar um lugar seguro na natureza para você ir. Você prefere um lugar na praia perto do mar, uma montanha, uma linda floresta de árvores ou uma casa na árvore no nosso jardim? Fale-me desse lugar. Imagine os pássaros cantando, o sol batendo bem quentinho na sua pele. Você ouve o barulho de água? Veja como tudo é colorido. Tem alguém aí com quem brincar? Quem mais está aí? Tem algum animal? O que está acontecendo agora?

Faça tão poucas sugestões quanto puder para detalhar a cena porque a criança deve usar sua própria criatividade e imaginação (e sistema representacional) o máximo que puder. As crianças costumam acessar esse mesmo lugar diversas vezes e repassam a mesma cena repetidamente e com pouquíssimas variações.

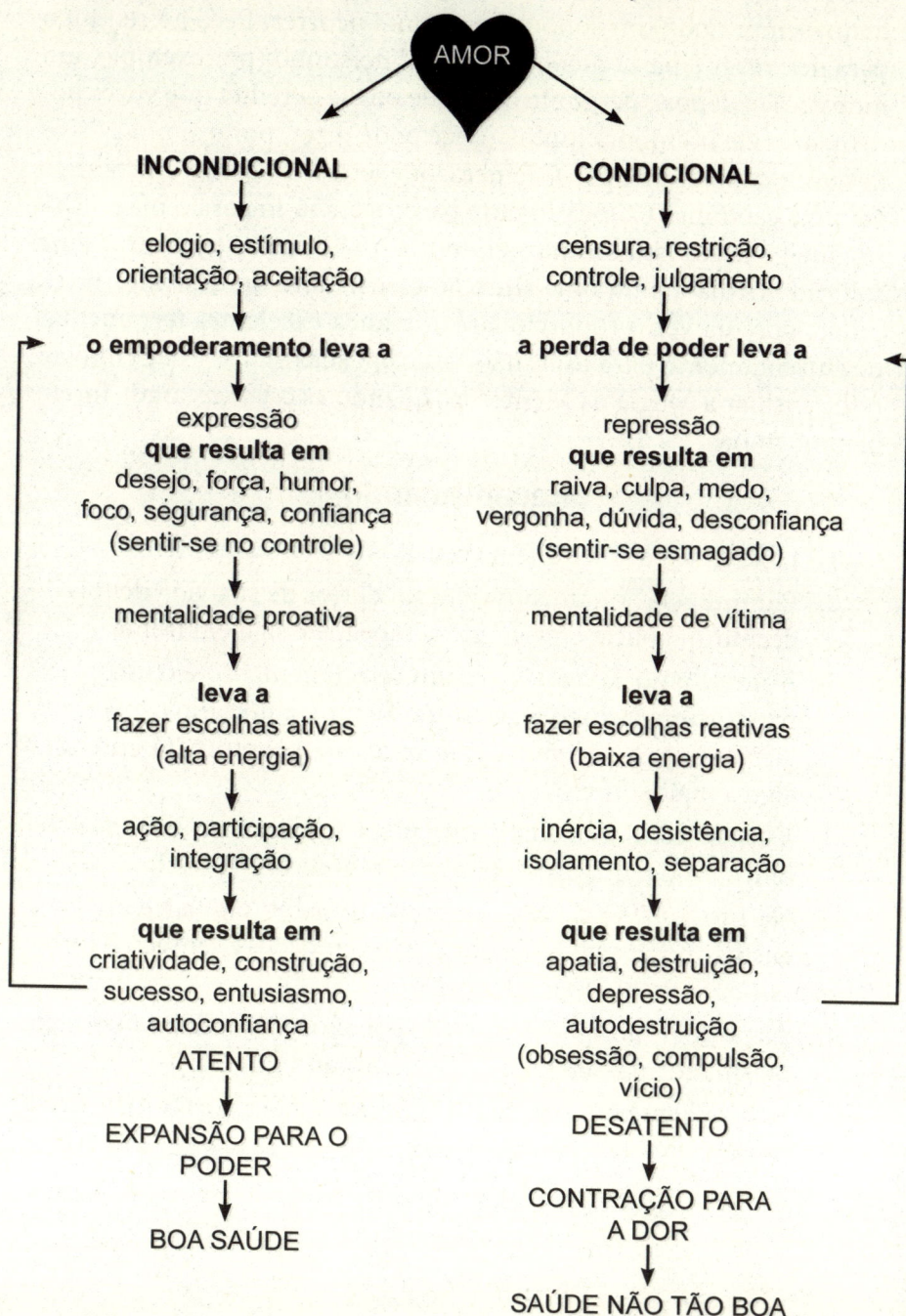

AMOR

INCONDICIONAL
↓
elogio, estímulo,
orientação, aceitação
↓
o empoderamento leva a
↓
expressão
que resulta em
desejo, força, humor,
foco, segurança, confiança
(sentir-se no controle)
↓
mentalidade proativa
↓
leva a
fazer escolhas ativas
(alta energia)
↓
ação, participação,
integração
↓
que resulta em
criatividade, construção,
sucesso, entusiasmo,
autoconfiança
ATENTO
↓
EXPANSÃO PARA O
PODER
↓
BOA SAÚDE

CONDICIONAL
↓
censura, restrição,
controle, julgamento
↓
a perda de poder leva a
↓
repressão
que resulta em
raiva, culpa, medo,
vergonha, dúvida, desconfiança
(sentir-se esmagado)
↓
mentalidade de vítima
↓
leva a
fazer escolhas reativas
(baixa energia)
↓
inércia, desistência,
isolamento, separação
↓
que resulta em
apatia, destruição,
depressão,
autodestruição
(obsessão, compulsão,
vício)
DESATENTO
↓
CONTRAÇÃO PARA
A DOR
↓
SAÚDE NÃO TÃO BOA

Os sonhos também podem ser experiências assustadoras para as crianças. Assim que tornar o acesso ao "lugar seguro" em cinco minutos um ritual, você pode fazer a criança ir para lá de modo imediato, sempre que um sonho inquietante ocorrer. Peça ao seu filho para descrever a parte menos agradável do sonho (por exemplo, um monstro) e, depois, pergunte como ele ou ela acredita que vocês podem fazer ele ir embora juntos. Você pode dizer, por exemplo: "Nós devemos chamar o Super-Cão para vir e levá-lo embora? Encolhê-lo em uma caixinha? Colocá-lo num barco e enviá-lo para o mar?" Use sua imaginação. Isso ensina a criança a usar a dela e encontrar uma solução imediata para uma situação assustadora ou desconfortável, o que, por sua vez, proporcionará à criança excelentes ferramentas de enfrentamento para usar mais tarde em suas vidas. Você também pode ensinar a Magia da Mente Seis quando as crianças ainda forem bem novinhas.

Recapitulando

1. Liberte-se para ser quem você é.
2. Elimine relacionamentos não solidários de sua vida depois de decidir qual lição aprendeu: desapegue e siga em frente.
3. A única emoção válida em um relacionamento é o amor, expresso com carinho e gentileza. Se uma emoção negativa surgir, isso apenas significa que você está pronto para aprender algo a mais sobre si.
4. Você se casa com sua mente inconsciente e projeta em seus filhos tudo o que ainda não eliminou de seu passado.
5. Na função de pai ou mãe, nosso trabalho é guiar e ajudar a ensinar nossos filhos a lidar com as emoções e sensações fortes que acompanham a infância.
6. As pessoas mais incríveis estão por aí procurando por você, da mesma forma que você está procurando por elas.
7. Se fizer algo bom para alguém, isso o ajuda a gostar mais dessa pessoa.

Capítulo Sete Plano de Ação

1. Abra um sorriso caloroso para todas as pessoas que encontrar hoje, em especial para quem não conhece. Você poderá fazer uma grande diferença na vida delas.
2. Cumprimente todos que acaba de conhecer como se fosse um lindo cachorrinho, com um sorriso no rosto. Sorria enquanto fala ao telefone. Finja que todos são seus melhores amigos por um dia.
3. Encha uma página inteira em seu livro de gratidão com o nome das pessoas que gosta e as razões por que se sente grato por conhecê-las.
4. Faça o exercício do Perdão do *Ho'oponopono* (nos apêndices) todos os dias durante uma semana para melhorar seus relacionamentos. Faça a Magia da Mente Seis para se livrar de antigas relações.
5. Cronometre o tempo, como em porcentagens diárias, em que seu parceiro ou seus filhos não são bem-comportados ou agradáveis. Depois, fique feliz e comemore por descobrir que nem foi tanto tempo assim.
6. Elogie todas as pessoas que conhece quando encontrá-las ou falar com elas ao telefone.

Divirta-se com a pessoa (ou pessoas) que mais ama hoje.

8

O Poder da Conexão Espiritual

Você só pode receber presentes de Deus
quando está na presença de Deus.

O Poder do Espírito – Energia Humana

A saúde espiritual é vital para seu bem-estar porque ter uma percepção de algo maior que si é o que lhe permite estar em paz em seu coração. Essa percepção faz com que se sinta profundamente conectado.

Como você pode se conectar e aproveitar a força do espírito para poder dirigir a energia para canais de criatividade e de manifestação? Tudo o que você é e tudo o que vê, sente, ouve ou toca é energia. Você em si é um arco-íris de campos de energia, uma dança de luzes e sombras. A energia forma diferentes graus de velocidade e densidade, e se difunde por todos os lados e para fora de seu corpo físico. A energia jamais pode ser eliminada; ela apenas muda de forma. Seu corpo físico, mental e emocional internaliza a energia universal pelo topo de sua cabeça, embora a conexão de energia seja mais parecida com uma grade do que um canal, já que cada parte do seu corpo físico possui um espaço entre cada partícula quântica. Assim, você está conectado de modo intrincado em um nível quântico com tudo e com todos no universo.

O que é importante reconhecer é que a cura do corpo espiritual é um processo de "agir com" não de "agir para". A harmonia espiritual é alcançada ao reconhecer que existe algo mais na vida do que seus cinco sentidos lhe mostram. É o desenvolvimento do sexto sentido, da consciência superior, que o leva a um novo nível de compreensão. Em geral, o nome que damos a esse sexto sentido é mente inconsciente. É um despertar que acontece em nosso interior. Ele nos conecta com Deus.

A saúde espiritual diz respeito a aprender a confiar, mesmo quando você sente ter motivos para não confiar. Trata-se de se abrir para a ideia de compreender que a lição positiva está lá e lhe será revelada com o passar do tempo. Às vezes, uma simples aceitação é mais poderosa do que qualquer questionamento.

Albert Einstein disse que a experiência de um homem é uma ilusão ótica de sua consciência, significando que aquilo que percebemos como sendo "realidade" é algo totalmente subjetivo e que nos iludimos ao acreditar no contrário. Você pode pensar nisso como se você – o *verdadeiro* você – estivesse se olhando em um espelho. O "você" que olha de volta do espelho não é real, embora pareça ter mais alguém ali. Você já viu uma criancinha olhando para seu reflexo e depois correr para trás do espelho à procura da outra criança? Às vezes, como adultos, é bom lembrarmos que o medo, as emoções de baixa energia e as crenças limitantes também são ilusões.

Nossa voz de baixa energia, que vem acompanhada de emoções de baixa energia como raiva, tristeza, medo e culpa, bem como as decisões e crenças limitantes, vêm de nossa mente inconsciente. Nosso inconsciente também é como nos conectamos aos nossos sentimentos e palavras espirituais. Eliminar pensamentos e sentimentos de baixa energia desse fluxo de conexões nos permite acessar e dialogar com a pessoa real ou interior, que está naturalmente em equilíbrio e harmonia. Usar palavras afirmadoras da vida o conecta com a voz de alta energia e a verdadeira voz interior, dando, assim, um salto quântico à frente para acessar a abundância e a alegria em todas as gradações.

O estudo de Carl Gustav Jung das tribos primitivas o levou a crer que existe um vasto acervo oculto de imagens comuns toda humanidade, independentemente de raça ou credo. Ele chamou isso de *inconsciente coletivo*: um reservatório de conhecimento que pode ser "acessado" pela sintonia com uma frequência muito superior à normal.

Rupert Sheldrake, o biólogo e escritor britânico, descobriu que coisas vivas auto-organizáveis – desde moléculas até galáxias inteiras – são formadas por *campos mórficos*; elas possuem ressonância mórfica. Isso significa que toda vez que você aprende algo novo, isso é passado automaticamente para o resto da humanidade, algo como uma memória cumulativa e coletiva. Isso explica como dois cientistas podem, e geralmente conseguem, descobrir algo em dois lugares diferentes do planeta ao mesmo tempo. É onde entra também a excitabilidade dinâmica. O conhecimento é passado em um nível elevado e, portanto, se dois indivíduos tinhosos estão focados em uma mesma busca, o conhecimento de um deles irá impactar o outro e vice-versa. Se os dois estranhos não têm nenhum interesse em comum, então, a reação consequente será pequena, não suficiente para causar uma percepção consciente.

Vamos parar um momento para pensarmos em como nos conectamos e interagimos uns com os outros a partir de uma perspectiva espiritual quântica usando o diagrama abaixo. Imagine dois estranhos que jamais irão se conhecer. Suas ações serão registradas em um nível mais elevado, ou uma vibração mais elevada, além de sua consciência no espaço que chamamos de inconsciente coletivo ou superconsciência (também conhecida como os Registros Akáshicos) e, claro, em um nível ainda mais elevado, Deus, ou Mente Universal.

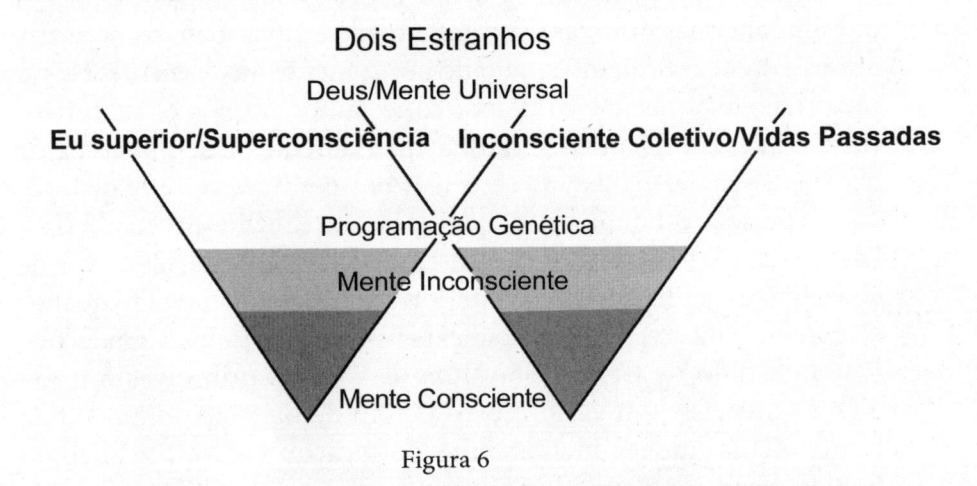

Dois Estranhos

Deus/Mente Universal

Eu superior/Superconsciência   Inconsciente Coletivo/Vidas Passadas

Programação Genética

Mente Inconsciente

Mente Consciente

Figura 6

Membros de uma mesma família compartilham de um mesmo espaço genético/inconsciente coletivo e espaço universal. Embora dois deles possam ser ruivos, podem ter pouco mais em comum. Porém, se ambos têm questões emocionais e um deles fizer terapia para eliminar emoções de baixa energia, gerações posteriores que compartilham os mesmos códigos genéticos se beneficiarão por terem tido memórias de baixa energia apagadas de seu material genético.

Eu sei, a partir do trabalho de regressão que fiz com clientes que ao vivenciar e liberar a memória, que também nos livramos do padrão genético residual (como quando eliminamos um vírus), o que significa que nossos próprios filhos estarão livres desse padrão específico. Essa marca da "memória genética" também pode contribuir para o surgimento de "falsas lembranças" que são reveladas por alguns trabalhos de regressão, como quando algumas lembranças *genéticas*, há muito tempo esquecidas, ressurgem e são confundidas com lembranças da vida atual.

**Membros Familiares Mais Próximos/Amigos
Colegas de Trabalho de Contato Diário**

Deus/Mente Universal

Eu Superior/Superconsciência
Inconsciente Coletivo, Vidas Passadas,
Programação Genética

Mente Inconsciente

Mente Consciente

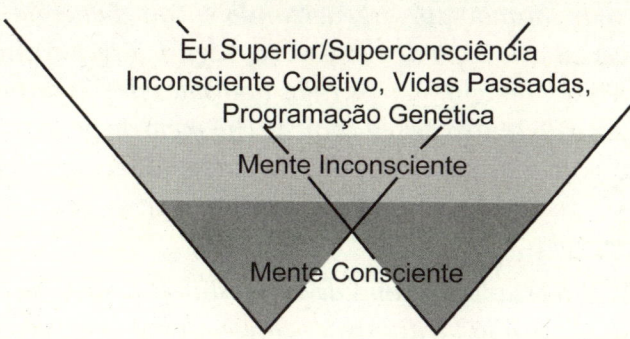

Figura 7

Membros mais próximos de nossa família/amigos/colegas de trabalho com quem temos contato diário também podem compartilhar de noções conscientes e inconscientes, bem como do inconsciente coletivo/superior e universal. Isso explica por que as pessoas que você conhece em um nível físico, sejam meros conhecidos, colegas de trabalho ou seus amantes, agem como seu espelho! Ao compartilhar o mesmo espaço físico, você observa suas próprias melhores e piores qualidades, o que explica por que você ama as pessoas que são exatamente como você e por que você pode desgostar com intensidade de alguém que é exatamente como você!

É Só Respirar e Mergulhar Dentro de Si

A meditação é considerada uma prática espiritual porque acalma os pensamentos e nos permite a conexão com nossa mente consciente mais elevada. Quando for meditar, encontre um lugar tranquilo em sua casa para fazê-lo. Quanto à posição de seu corpo, a única coisa a lembrar é manter a coluna ereta para que os centros de energia estejam alinhados. Se sua casa nem sempre está arrumada, ache pelo menos um espaço amplo e que esteja em ordem para que possa se sentir livre para apenas relaxar nele. Com prática, a meditação desobstruirá os canais para você mudar sua linguagem com mais facilidade e de modo mais divertido.

Aqui está um exercício rápido e fácil para ajudar a meditar:

Sente-se com a coluna e a cabeça eretas, como se alguém tentasse suspender você com um elástico. Imagine um lindo sol, ou a luz de Deus, brilhando claro sobre sua cabeça. Inspire o ar contado até sete, deixando entrar a energia da luz universal pelo topo de sua cabeça. Segure a respiração e conte até sete, imaginando os raios dourados de luz fluindo para dentro do centro de seu coração (no meio do peito). Em seguida, solte o ar contando até 11, derramando a energia em um fluxo de luz dourada, expandindo-se de seu corpo para as estrelas.

Para obter o estado máximo de bem-estar enquanto se encontra nesse estado meditativo, pense em uma imagem holográfica de si sobre uma plataforma à sua frente. Se desejar, pode visualizar essa imagem na tela de um computador. Observe, agora, a imagem girando como se estivesse sobre uma plataforma giratória. Note que ela é exatamente como você quer ser: com perfeita saúde, elegante, forte e em forma. Respire quatro vezes trazendo a energia de luz para dentro de cada uma das células de seu corpo holográfico enquanto sente, vê ou imagina o corpo se alinhando com o modelo de saúde perfeita e de um excelente funcionamento. Se perceber que alguma parte do corpo não brilha como gostaria, imagine um laser *de luz sendo lançado sobre essa região para cuidar dela. Pense em uma data exata em algum momento nos próximos dias ou no mês seguinte quando sabe que será possível estar como na imagem que vê à sua frente; escreva essa data sob ou sobre a imagem. Não se esqueça de incluir o dia, mês e ano.*

Para cura espiritual e para se conectar em um nível mais profundo, repita quantas vezes puder e em forma de oração, pouco antes de dormir:

"Coloco isso nas mãos de Deus." ("Isso" sendo qualquer problema que tenha!)

"Coloco-me nas mãos de Deus." (Você pode substituir "Deus" pelo "universo" ou por qualquer outra palavra que faça mais sentido para você.)

"Eu sou um com a fonte."

Você também pode querer aumentar a energia física batendo sobre a região do timo (no centro de seu peito, logo abaixo da clavícula) com os olhos fechados, enquanto se pensa sobre um tempo em que se sentiu muito feliz ou em alguém que ama. Respire. Essa batida sobre o timo faz seus canais de energia se abrirem. Depois, coloque a mão esquerda estendida sobre o timo, bem em cima do lado esquerdo. Imagine seu coração se abrindo como uma flor e irradiando uma energia cor de rosa que alcança suas duas mãos. Respire.

Meditação/Visualização para Liberar e Equilibrar Sua Energia

Grave o esquema a seguir em um gravador portátil, depois reproduza a gravação e ouça com os olhos fechados:

Imagine um dia lindo de primavera. Você está sozinho em um chalé num bosque próximo a um lago azul de águas calmas, cercado por árvores e montanhas. O ar é fresco e puro. Há uma lareira acesa dentro do chalé e dá para sentir o cheiro de fumaça das lenhas que queimam. Esse é um lugar agradável e confortável.

Sinta o calor do fogo no seu rosto e corpo. Observe enquanto as faíscas tremeluzem ao redor do pinho em chamas e sinta o cheiro do aroma gostoso da madeira sendo consumida pelo fogo ardente. Sinta o calor relaxando seu corpo e inspire profundamente a energia rubra do fogo. Leve o vermelho até um lugarzinho na base de sua espinha dorsal e solte todo o restante com sua expiração.

Encontre uma cesta com laranjas sobre a soleira ao lado da lareira. Pegue uma das laranjas e sinta sua casca áspera e arredondada. Aperte com os dedos o máximo que puder na polpa e sinta o frescor de sua essência. Sinta o suco gotejar por entre seus dedos e sua mão e chupe o líquido para que penetre em seu corpo até um lugar logo abaixo de seu umbigo. Deixe um pequeno ponto de energia laranja ali e exale o resto.

Levante-se e vá até a porta da cabana. Quando abre a porta, a luz brilhante do sol da manhã entra. Sinta o calor em seu rosto e inspire profundamente essa luz amarela. Inspire e deixe essa luz chegar até seu plexo solar, entre as costelas e acima do umbigo. Imagine a luz amarela se expandindo por todo o seu corpo enquanto você continua a respirar envolvido pela luz.

Caminhe até a beira do lago ao longo de uma trilha. As árvores nas duas laterais dessa trilha estão soltando novos brotos verdes. As árvores rareiam e você chega a uma clareira em frente ao lago, novos brotos de grama o saudam. Inspire a energia verde para o interior do centro de seu peito, deixe um pequeno ponto de verde ali e expire o resto.

Ao olhar para o céu, as faixas rosadas do amanhecer ainda estão clareando. Inspire o rosa e o leve até o centro de seu peito, dentro do verde. Deixe um pequeno ponto de rosa ali e exale o resto.

A água azul. O céu azul. Uma vista deslumbrante das montanhas ao longe, erguendo-se sobre aquele majestoso lago azul, brilhando sob o sol da manhã. Inspire o azul, ouça os pássaros cantarem e leve essa energia azulada até um lugar no centro de sua garganta. Enquanto exala o restante do azul, exale o som da palavra "Ahhhh!".

Observe a beleza das montanhas aroxeadas do outro lado do lago e respire profundamente a energia roxa penetrando até seus pulmões e sua testa. Exale o restante da energia roxa. Conforme o sol sobe no céu, sente-se à beira do lago e absorva a beleza da natureza – a sensação de unidade com o universo. Relaxe, deixe tudo ir e se entregue ao momento enquanto fica ali sentado sobre uma rocha ou um tronco de árvore, sentindo a presença de uma força superior.

Uma névoa começa a se erguer sobre o lago e cerca a base das árvores, serpenteando suavemente o espaço em torno de seus pés. Inspire fundo a névoa; leve o ar até o topo de sua cabeça no sentido anti-horário e, depois, solte o ar com um suspiro profundo. Você é um com a verdade, a beleza e o conhecimento. Com paz em seu coração, abra os olhos para um dia novinho em folha.

Essa é a hora. Agora que você descobriu como sua mente interior funciona, encontrou sua autoestima, eliminou antigos padrões de interferência emocional, cuidou de seu corpo físico e aprendeu a se comunicar consigo e com os outros, sua conexão com a abundância espiritual está completa. Agora, vamos juntar tudo isso enquanto você reativa aquela excitabilidade dinâmica para manifestar tudo o que sempre desejou no mundo material.

Recapitulando

Somos todos um. Tudo o que você diz, faz ou pensa irá impactar você, eu e toda a humanidade, como ondulações causadas por uma pedra lançada em um rio.

Capítulo Oito Plano de Ação

1. Seja muito gentil consigo hoje (e todos os dias).
2. Imagine uma conexão de energia como um cordão dourado que alcança todas as pessoas em quem você pensa ou encontra. Envie-lhes uma luz brilhante imaginária e lhes deseje tudo de melhor. Sua mente inconsciente acreditará que também foi destinado a você e devolverá o que desejar como um presente.
3. Pinte um cômodo de sua casa com uma cor bonita. Troque os móveis de lugar para que o lugar lhe pareça mais bonito e aconchegante, como um santuário.
4. Matricule-se agora em um curso que estimule sua criatividade, aprenda a pintar, faça meditação, cerâmica ou dança. Essa é a hora de começar a fazer o que está querendo fazer há muito tempo.

9
O Poder de Mudar o Mundo

"Deus não joga dados com o universo."
– Albert Einstein

Novas Palavras. Uma Nova Chave para Seu Destino

Está na hora... de fazer a mudança chegar em todas as partes do mundo, começando consigo. Quando elimina seus padrões de pensamentos e padrões de fala, as escolhas de vida se ampliam como se por um passe de mágica. Essa é a hora de fazer diferença, pois cada palavra que você usa e cada pensamento que tem ressoa e vibra por todo o mundo. De certo modo, afeta cada pessoa no planeta. Conforme elabora suas palavras, você cria o seu (e o nosso) destino.

Quando todos perceberem que ao falarmos, pensarmos e agirmos com clareza e com intenções de alta energia, as possibilidades quânticas do desenvolvimento do neocórtex são capazes de crescer ao ponto de fazer com que seu futuro se realize *agora*, de fato, de forma quase instantânea. Só por pensar com coerência de forma direcionada, faz com que seus pensamentos se irradiem como uma magia a *laser*, alcançando resultados incríveis. Essa é uma forma poderosa e positiva de viver sua a vida porque o sucesso e a felicidade se tornam de manutenção autônoma.

Nos últimos cinco anos, em mais de 50 centros ao redor do mundo, o *Global Consciousness Project*(GCP) vem registrando, em uma rede de dispositivos sensíveis às frequências mentais e emocionais humanas, as variações e oscilações que ocorrem quando grandes números de pessoas estão focadas em um mesmo evento, como no caso do ataque às torres gêmeas em 11 de setembro de 2001, nos Estados Unidos. Nós já sabemos que as variações nessa força flutuante ocorrem quando grandes grupos de pessoas estão focadas em eventos mundiais – desastres, comemorações ou outros acontecimentos que agitam os pensamentos e os sentimentos humanos. O GCP tem por objetivo tentar entender como se dá essa presença ou consciência global. Os cientistas pesquisadores do projeto estão sediados na Universidade de Princeton nos Estados Unidos e em outras partes do mundo (como na Grã-Bretanha e na Alemanha). O dr. Roger Nelson, diretor do GCP em Princeton, diz que, em sua opinião, os humanos não se limitam à sua pele. Ele acredita que a consciência global é muito maior do que o corpo físico, e relata que a ciência tem provas de que existe uma interação entre os sistemas da consciência e do físico.

A paz mundial pode estar muito mais próxima do que imaginamos porque, quando a consciência global atinge a massa crítica, a liberdade está próxima. Nós inventamos as televisões e os rádios que transmitem imagens e sons em tempo real, quando o sinal é bem transmitido. Seu cérebro é muito mais poderoso do que a tecnologia; trata-se de um dispositivo quântico, capaz de transcender o tempo e o espaço.

Um experimento impressionante foi realizado em 1993. Quatro mil pessoas meditaram pela paz por sete semanas em Washington, DC. O estudo foi monitorado por sociólogos e criminologistas de grandes universidades e representantes da polícia e de órgãos governamentais. Variáveis que incluíam questões meteorológicas, horários de verão e época do ano foram levadas em consideração. Os resultados foram impressionantes: crimes e ataques violentos diminuíram quase 23% na semana final do projeto, quando o tamanho do grupo foi maior. As probabilidades estatísticas de que isso podia refletir variações aleatórias na quantidade dos crimes é menor que dois em 1 bilhão.

Quanto mais conectada e congruente estiver sua mente consciente e inconsciente, mais facilmente seus pensamentos ressoarão pela energia vibracional ao seu redor. Todos os que estiverem na mesma vibração serão capazes de captar seus pensamentos com a mesma velocidade que você leva para pensá-los! Aliás, a "manipulação" do pensamento não funciona porque esse é um mecanismo do cérebro intermediário de intenção de baixa energia e daria início a um padrão de interferência que produziria resultados inconsistentes.

Um avanço bastante interessante e empolgante aconteceu quando eu estava mudando minha linguagem e minha vida por quase 18 meses, com grande sucesso. Passei a acordar todas as manhãs com uma sensação de entusiasmo e empoderamento. As pessoas me telefonavam ou me enviavam e-mails quase que ao mesmo tempo em que formulava ideias em minha cabeça, com soluções para minhas questões e nomes de pessoas com quem poderia contatar, sem jamais termos conversado nada a respeito antes! Descobri que minhas emoções de baixa energia vinham e iam como as de uma criança, lampejos de emoções seguidos de sensações incríveis de bem-estar em questão de minutos, não em horas ou dias, como antes.

Percebi, de verdade, que mudar nossa linguagem é algo que todos nós podemos fazer para conseguir resultados profundos. Isso me foi demonstrado quando a irmã de meu marido, Ann, veio passar duas semanas conosco. Enquanto voltávamos para casa depois de buscá-la no aeroporto, ela começou a nos dizer como tinha sido "dura" a viagem. Ela disse que o voo nem tinha sido "tão ruim," apesar de a equipe de bordo ter sido bastante prestativa. Eu podia ver Katie pelo canto de meus olhos querendo chamar atenção de Ann, mas fiz um sinal com a cabeça para que ela não dissesse nada, já que Ann não sabia nada a respeito de eliminar palavras ruins e mudar sua linguagem. Na verdade, voltamos rapidinho a usar palavras de baixa energia que não usávamos há meses!

Nos dias seguintes, explicamos a Ann por que falamos de outra forma e sempre chamamos a atenção uns dos outros com a palavra "troque". Depois disso, continuamos com nossa vida normal, usando palavras e uma linguagem de alta energia. Na segunda semana de sua visita, Will e eu tiramos uns dias de folga do trabalho e passamos muito tempo juntos em família. Foi aí que, de repente, percebi que Ann estava usando a linguagem de alta energia com perfeição. Não havia mais nenhuma palavra de baixa energia em seu vocabulário! Eu sei que ela é uma mulher muito inteligente, mas não tinha como ela ter aprendido aquilo com tanta rapidez. Depois me lembrei da teoria do campo mórfico de Sheldrake, que diz que quando uma pessoa aprende algo, as informações podem ser transferidas para o resto da humanidade no mesmo instante por meio do uso daquela variável oculta rara no nível do campo quântico.

Lembrei que já tinha visto aquilo antes e que também me sentira arrebatada diante do resultado. Jade, nossa *poodle* preta, teve dez filhotes. Uma delas estava determinada a escalar o portãozinho de plástico que colocamos como forma de proteção. Ela tentou todos os dias durante três semanas. Nenhum dos outros filhotes estavam interessados; eles só brincavam por ali e buscavam comida e amor.

Um dia, ela conseguiu. O portãozinho tinha quase 60 centímetros de altura e ela conseguiu escalar a grade usando os furos na estrutura do portão para poder chegar ao topo e sair. Não demorou nem dez segundos para que os outros filhotes conseguissem passar para o outro lado. Essa é a teoria de Sheldrake em ação. Sempre me espanto por constatar a rapidez com que o canal de informações se abre quando a intenção é forte o bastante. Fica claro que o poder da intenção focada pode fazer a diferença entre o sucesso e o fracasso.

Para alcançar sua paz interior e sua felicidade, você pode tentar gravar o roteiro a seguir e ouvi-lo todos os dias. Quanto mais escutar essas palavras, mais fácil será para relaxar e liberar seu modelo de mundo, tornando mais fácil para seu estado natural de felicidade aflorar. É bom ouvir a gravação à noite pouco antes de dormir, ou logo pela manhã assim que acordar, já que as mentes interna e externa estão mais alinhadas nesses momentos.

Avance Até Um Futuro Mais Otimista

(O roteiro completo está disponível em um CD em minha página: <www.YvonneOswald.com>.)

Talvez você possa se permitir fechar os olhos e... relaxar. Você está respirando de forma mais profunda e mais devagar... sinta uma luz bonita e envolvente que flui pelo seu corpo a cada respiração que dá.

Imagine-se sobre a encosta da montanha mais majestosa. Tem uma brisa suave fazendo seu cabelo balançar e o ar tem um aroma fresco e puro. Assim que começa a se sentir mais calmo, você pode prestar atenção ao som da água borbulhando de uma fonte próxima. Você sabe que o gosto dessa água será delicioso.

A vista daqui é infinita... ao olhar na direção do horizonte ao longe, você vê campos e vales, árvores verdes e um lindo céu azul... Tem um orvalho da manhã que umedece sua pele. Conforme o sol começa a subir mais, si...i...i...inta o calor penetrar todo seu corpo e... re... la... xe.

Absorva a luz do sol por cada um de seus poros, células, órgãos e o tecido de seu belo corpo... agora ou nos minutos seguintes. Você consegue sentir o calor penetrar seu rosto, pescoço e ombros como uma luz líquida, aliviando e relaxando.

Conforme a luz se movimenta um pouco mais, ela chega em seu coração, pulmões, fígado e estômago; sinta cada célula sendo curada e relaxe. A luz atravessa seu quadril até chegar às suas pernas, descendo pelos joelhos e pelas panturrilhas até chegar a seus pés, onde talvez você sinta uma dormência enquanto o sol renova todas as células de seu corpo físico com uma vitalidade nova e saudável.

Enquanto sua atenção se expande, apodere-se da sensação de segurança que esse espaço maravilhoso na natureza lhe proporciona. Agora, encontre o lugar mais seguro e sagrado que tem em seu corpo físico e conduza sua atenção até esse local. Ou apenas imagine onde seria esse lugar se tivesse que escolher um. Sinta a luz e o fluxo de calor penetrar essa área e imagine um vórtice de energia girando e se espalhando a partir dessa fonte de segurança. Enquanto permite que a luz comece a se expandir, você pode sentir a força da energia aumentando.

Você está expandindo sua percepção da cena ao seu redor, para a montanha e o céu... e talvez consiga reconhecer que você faz parte dessa luz; de fato, você é essa luz suave, segura e envolvente. Você é capaz de tudo... Você pode ser o que quiser ser... Pode ser rico, feliz, saudável e bem-sucedido se você... se permitir, agora.

Sua mente inconsciente está em contato com tudo e todos que precisa conhecer, e preparada para lhe proporcionar grandes oportunidades de ter um futuro dinâmico e interessante. Na verdade, ela já experimentou esse futuro maravilhoso, pois tem a capacidade de observar como o visse do topo de uma montanha.

Agora você pode aceitar e desapegar de tudo que não pode ser mudado e mudar o que está ao seu alcance assim que despertar. Você poderá sentir seu queixo se levantar e os ombros relaxarem enquanto você... percebe como está se saindo bem. Agora você está em uma encruzilhada e sabe que só existe um caminho a tomar... o que tem a indicação: Otimismo e Ação! Você nasceu com uma natureza otimista... com uma sede de conhecimento... mesmo antes de ter sua atenção consciente.

Imagine-se expandindo sua percepção até um lugar um pouco acima de seu corpo físico e, então, observe um rio do tempo levando-o de volta ao passado. Sinta-se relaxar, enquanto torna-se parte dessa cena, uma cena tão antiga quanto o tempo. Você aprendeu muitas lições viajando por esse rio – algumas, talvez, não tão de seu gosto, outras emocionantes e excitantes. Todas essas vivências agora fazem parte de sua mente inconsciente, dando-lhe vasta quantidade de conhecimento inato sobre a própria vida, permitindo-lhe... criar novos padrões de comportamento... agora.

Observe um facho de luz do sol brilhando sobre o rio como um holofote... ao longe, bem longe, voltando ao passado distante... de volta à fonte de toda luz e vida. Retorne para dentro da fonte, de volta à unidade. Observe e sinta e ouça enquanto o rio se acende com a glória (de Deus). Ao pensar no passado, você traz consigo a luz cintilante enquanto ela flui de volta ao presente, ofuscando e eliminando todas as memórias mais sombrias ou entorpecentes enquanto volta ao presente: a dádiva que é você hoje. Liberando todas as emoções negativas e decisões limitantes ao mesmo tempo em que preserva as lições positivas para uso futuro – agora.

Quando, finalmente, sentir o calor do sol, flutue de volta para seu corpo físico.

A busca por soluções se tornará para você parte da excitação enquanto usa os recursos e habilidades que são sua segunda natureza porque você se conectou com o início.

Seu corpo, mente e espírito estão se sincronizando, harmonizando e integrando-se enquanto você ouve... e sua voz interior está lhe dizendo agora que... você é perfeito. Cada pequena mudança que observa reforçará a crença de que o trabalho que está fazendo vale a pena física, emocional e financeiramente.

Conforme desperta, você pode perceber um sentimento profundo de satisfação: uma segurança e certeza de que já está no caminho da mudança.

A cada respiração, você descobre coisas maravilhosas sobre si e, a cada nova descoberta, vive um sentido mais profundo e mais intenso de satisfação com sua vida.

Você acorda todas as manhãs se sentindo melhor do que nunca... surpreso por constatar como é fácil... reter tudo o que está aprendendo... saudável, livre, incrivelmente renovado e ansioso por seu futuro brilhante e envolvente, onde você é rico, feliz, saudável e satisfeito com tudo isso...

Enquanto conto para trás a partir de cinco, descobrirá uma incrível sensação de alegria interior enquanto abre os olhos.

Cinco... sentindo que vale a pena viver com entusiasmo e força.

Quatro... amando o novo você.

Três... mais consciente de seus pés, pernas, corpo e braços.

Dois... ficando lúcido e totalmente consciente.

E enquanto vê, ouve ou sente o número um em sua cabeça nos próximos 30 segundos, somente quando estiver realmente empenhado em ser feliz, abra os olhos e sinta-se bem.

O que Acontece Depois do
E Viveram Felizes para Sempre?

Você está quase concluindo a leitura deste livro, mas apenas começando a sentir toda a emoção; você já sabe que sempre há mais para se explorar! Para planejar sua futura felicidade, seu destino final, você só precisa um pouco mais de reflexão. No ano passado, realizei um seminário no Centro de Ciências de Ontário em que ensinei a Magia da Mente. Eu queria expandir as mentes das pessoas além de onde suas ideias geralmente conseguiam chegar. As quarenta e tantas pessoas se dividiram em grupos e cada grupo recebeu o título de um conto de fadas: "Cinderela", "Branca de Neve", "A Bela e a Fera", "A Bela Adormecida" ou "João e Maria".

Os grupos receberam folhas de papel, cada um deles com o nome de um dos personagens da história. O sorteio foi aleatório, porque logo percebi que todos queriam ser o personagem com final feliz. Cada personagem tinha, então, que explicar aos demais por que se comportaram de tal forma. Assim, por exemplo, a rainha da "Branca de Neve" explicou que sua infância tinha sido de muita privação. Eu e meus assistentes ouvimos todas as desculpas que começaram a pipocar – na verdade ficou hilário. Os outros no grupo foram encorajados a fazerem perguntas: por exemplo, à Branca de Neve: "Por que você não fugiu?".

Antes de o exercício começar, eu havia pedido a todos que resolvessem o exercício com um final feliz para todos, mas, cada um dos grupos, encerrou com o final original do conto de fadas: "E então, viveram felizes para sempre". Pedi que se agrupassem mais uma vez e, então, esticassem a história para concluírem com todos os personagens tendo um final feliz, inclusive os personagens não tão legais. Também pedi que pensassem sobre o que tinha acontecido depois do casamento da Cinderela. O que o príncipe fez? Quando começaram a pensar a sério sobre o assunto, suas conclusões foram bastante curiosas. O final de "Cinderela" foi mais ou menos assim:

Cinderela: Depois de ter tido dois filhos, um menino e uma menina, decidiu construir abrigos para mulheres e crianças vítimas de abuso.

O príncipe: Ele foi um governante justo. Começou a dar aulas de ginástica para algumas pessoas. Abriu uma fundação para órfãos porque estava ciente do que sua esposa tinha passado.

As duas irmãs: Cinderela as perdoou e encontrou maridos para ambas. Uma delas era muito talentosa e, por isso, ela estudou arte e design para criar casas lindas. A outra se tornou terapeuta depois de ter feito terapia por três anos.

A mãe: Ela foi parar em uma clínica de reabilitação (ela havia se tornado uma alcoólatra), e depois de cinco anos de terapia, viajou, casou-se novamente e, finalmente, conheceu o verdadeiro amor.

O que você está planejando para seu próprio final feliz?

Imagine-se em sua festa de aniversário de 85 anos de idade. As pessoas estão falando sobre você e como você é fantástico. Quem está na sua festa? Que qualidades suas elas destacam? O que você ainda pretende fazer? Que impressões duradouras você causou nas vidas de outras pessoas? O que você ainda faz aos 85 anos para se manter em forma e ativo? (Certifique-se de começar a fazer essas coisas já.) Que tipo de trabalho ainda gosta de fazer?

Feche os olhos por um momento e imagine essa cena. Imagine que está conversando com seu eu de 85 anos de idade. Pergunte ao seu eu o que ele ou ela quer que você seja, faça ou tenha agora para ser feliz e saudável aos 85 anos. Então, prometa a essa pessoa em forma, feliz, realizada que irá facilitar para ela, começando a partir de agora.

A Magia da Fala – Transforme Sua Vida Usando a Linguagem do Sucesso

"A vida não é medida pelo número de vezes que respiramos, mas pelos momentos que prendem nossas respirações."
– Autor desconhecido

Como na parábola das sementes que caem em solo fértil, é nosso dever para com nossos filhos cuidar de nosso linguajar, de nossa comunicação e de nossos atos. Essa é a hora. Comece a fazer isso hoje e viva o momento presente. Aja como se fosse rico, saudável, feliz, amado e especial. Porque você é. Você é único. Você tem habilidades e talentos que ninguém mais no mundo tem. Você é tão extraordinário. Acredito que agora é a hora de criar seus pensamentos para criar sua vida. Desperte seus sentidos; conecte-se com suas capacidades, potenciais e com sua sabedoria interior.

As palavras e os pensamentos possuem vibração e força que vão além de seus sonhos mais loucos. Ao mesmo tempo em que se livra de antigos padrões de pensamentos de baixa energia, palavras de baixa energia, ações de baixa energia e crenças não solidárias, você estabelece conexões com o poder da luz e da vida, e pode manifestar tudo o que sempre quis ou precisou. A ausência de luz age como uma forma de separação ou desconexão da fonte, que é o lugar onde toda a abundância está acessível. Pensamentos desimpedidos se irradiam e iluminam a escuridão.

Independentemente de acreditar ou não em Deus, física quântica, nas duas coisas, ou em nenhuma delas, a força unificante da humanidade é que a luz nos reconforta, e sua ausência não. É chegada a hora de fazer sua luz brilhar para proporcionar o dom da consciência a todos ao ensinar e passar adiante tudo o que já aprendeu. Esse é o momento de demonstrar gentileza para com todos, inclusive a você e ao planeta. Está na hora de agir com generosidade no coração e na mente. É a hora da confiança e da esperança. Somos mais fortes quando nos unimos.

O presente é o único momento que temos para mudar o futuro.

Você começou a ler este livro acreditando que poderia aprender alguma coisa; na verdade, você estava apenas se recordando daquilo que já sabia. Você pode se lembrar da distância que já percorreu para chegar até aqui. Você não está sozinho nessa jornada. Você faz parte dessa imensa unidade da vida. Sua *busca* não é por conhecimento ou pela verdade – você é conhecimento, amor e verdade.

Quando a consciência e os sentidos se juntam, devemos, então, entender que jamais chegaremos ao fim – somos todos perfeitos.

Você sempre foi.

Faça sua luz brilhar.

Eu Saúdo Sua Felicidade.

Um Recado de Yvonne

Trabalho com pessoas há mais de 25 anos. Meu foco é o de inspirar e ajudar para que criem suas próprias ferramentas a fim de alcançar sucesso em suas vidas. Lembro-me do dia em que estava com meu guia espiritual, Peter, durante uma de minhas primeiras meditações. Eu estava em uma pequena cabana em um vale construindo cadeiras usando bambu. Eu sabia que ainda tinha muito a ser feito.

"Quantas outras cadeiras preciso fazer?", perguntei. Cada cadeira parecia demorar uma eternidade para ficar pronta.

"Olhe pela janela", ele disse. Suspirei quando vi o que pareciam ser milhares de cadeiras inacabadas enfileiradas a perder de vista.

"Jamais conseguirei terminar todas elas!"

"Uma de cada vez", disse Peter. "Uma de cada vez."

Muitos anos depois, um dia, estava com uma cliente que tinha muito trabalho por fazer antes que pudesse colocar sua vida de volta nos trilhos. Usei essa história para explicar-lhe que as tarefas que ela havia assumido tinham de ser realizadas de modo fracionado. De repente, percebi que estávamos sentadas nas mesmíssimas cadeiras que eu havia construído naquela cabana – e que, desde aquele dia, eu ajudara a tornar as vidas de milhares de pessoas mais felizes por ajudá-lás com seu senso de autoestima e pertencimento.

Tive uma experiência semelhante quando comecei a estudar hipnoterapia. Peter e eu estávamos às margens de um oceano. A brisa era fresca e o sol brilhava. O céu era de um azul cristalino.

"O que vou fazer com esse novo direcionamento?", perguntei.

"Você vai ajudar todas essas pessoas." E abriu os braços esticando-os na direção daquela praia aparentemente sem fim, onde havia multidões reunidas até onde conseguíamos enxergar.

"Impossível!", exclamei. "Tem gente demais para uma só pessoa."

"Exato", meu guia disse com um sorriso. "Permita-me lhe mostrar como fazer isso."

Ele me ofereceu uma vela acesa com a qual eu deveria acender outra vela que de repente, eu vi em minha mão. Conforme acendia minha vela com a dele, notei a presença de quatro mulheres e um homem à minha frente. Cada um deles segurava uma vela em uma das mãos e a estenderam em minha direção.

Acendi as cinco velas com a minha e cada um deles se virou e acendeu as velas de outras pessoas. Assisti com admiração enquanto a praia toda se iluminava em uma onda que se espalhava ao longe. Foi mágico ver todos os rostos radiantes e felizes enquanto a luz passava de um para outro.

"*Isso* eu sei que posso fazer", disse, sentindo-me aliviada.

Meu trabalho, hoje, é passar a luz de minha vela para a sua, sabendo que irá se sentir tão honrado como me senti, quando ajudar outras pessoas acenderem suas luzes e a magia que existe dentro delas.

Apêndice

Mude Essas Frases de Baixa Energia para Frases de Alta Energia

Sem Problema........................... _____
Não se preocupe com isso............ _____
Eu estou doente .... _____
Isso não é tão ruim .... _____
Estou morrendo de fome .... _____
Isso é tão deprimente.................. _____
Isso é muito difícil....................... _____
Eu estou tentando....................... _____
Que droga de passeio .... _____
Receio que não........................... _____
Isso custa caro demais .... _____
Estou sem dinheiro
no momento............................... _____
Um acidente de carro.................. _____
Detesto tempo frio .... _____
Estou com dor de cabeça............ _____
Desculpe, não posso................... _____
Coitado(a) .... _____
Que vergonha............................. _____
Que corte horrível .... _____
Vou começar um regime............. _____
Isso é nojento............................. _____

Estou nervosa(a).......................... _____
Está doendo................................. _____
Isso é muito chato .... _____

Otimista ao Máximo, Palavras de Alta Energia

Alcançar
Bebê
Bonito
Conhecimento
Coração
Deus
Dinheiro
Energia
Engraçado
Entusiasmo
Escolher/escolha
Fácil
Família
Feliz
Futuro
Gentil
Harmonia
Humor
Liberdade
Livre
Lucro

Mãe
Melhorar
Novo
Obrigado
Pai
Popular
Por favor
Positivo
Presente
Primeiro
Realizar
Resultados
Segurança
Sensato
Sensual
Sentir
Sonho
Sucesso
Único
Valor

Palavras de Baixa Energia para Eliminar do Seu Vocabulário

Ansiedade
Barato
Bravo
Burro
Caro

Controle
Crítica
Culpa
Deprimido
Difícil

Doença
Doente
Dominar
Duro
Dúvida
Enfraquecer
Enganar
Escuro
Esquecer
Falido
Fracasso
Fraco
Guerra
Horrível
Humilhar
Idiota
Inveja
Mágoa
Mal
Malvado
Medo

Ódio
Pequeno
Perder/perdedor
Pior
Pobre
Preguiça
Preocupação
Problema
Processar
Raiva
Reação
Receio
Reduzir
Ruim
Separação
Tentando
Travado
Triste
Último
Velho
Vergonha

Adaptação do *Ho'oponopono*

Libertação e Perdão – Abra Seu Coração

Grave o roteiro a seguir com sua própria voz e ouça todos os dias até se sentir revitalizado e desfrute de uma maravilhosa sensação de liberdade. Você se sentirá empoderado com os resultados.

Quanto mais respira, mais relaxado fica. Imagine agora uma floresta mágica, um lindo lugar seguro na natureza. O dia está lindo. As árvores estão banhadas pela luz do sol, os pássaros cantam com doçura e você ouve o som da água batendo contra as pedras e os rochedos de um riacho próximo. Você pode sentir o cheiro dos cedros, dos pinheiros ou da terra molhada.

Encontre um lugar confortável em uma clareira ao pé de um imponente carvalho. Sente-se e apenas sinta essa sensação de tranquilidade e harmonia, enquanto absorve todo o conhecimento e sabedoria... dessa grande árvore da floresta.

Você... tem a sensação de paz e segurança na luz do sol coalhada entre sombras. Talvez consiga ouvir o farfalhar das folhas que jogam com a brisa. Elas parecem trazer-lhe uma mensagem de sua mente... de sua mente inconsciente... que lhe pede para desapegar. Sua mente consciente pode ouvir agora ou apenas continuar observando os sons e as paisagens da natureza.

Você pode observar a ponte de madeira sobre as águas. Erga os olhos e admire o mais azul entre os céus azuis... um céu que parece não ter fim... Inspire profundamente e permita se larg a... a... ar, agora. Um raio de luz do sol aos poucos relaxa todo o seu corpo. Enquanto as células, os nervos, os tecidos e os órgãos absorvem essa luz maravilhosa, inspire mais fundo e mais devagar, relaxando ainda mais a cada respiração. A luz do sol percorre seu corpo chegando até o topo de sua cabeça, acalmando e suavizando seu rosto, pescoço e ombros.

Respire fundo e, enquanto solta o ar, permita a seus ombros apenas reagirem à gravidade, absorvendo o calor da energia, dissipando-se com facilidade. A luz desce por sua coluna, fortalecendo e limpando tudo em seu caminho, ondulando e relaxando. Sinta seus músculos e nervos se tornarem mais maleáveis em torno de suas vértebras.

Conforme essa luz acolhedora, poderosa e envolvente flui por todo o seu corpo, sinta cada órgão – seu coração, fígado, pulmões, estômago – relaxe e liberte-se, em perfeita harmonia com o restante do corpo.

Seus braços e mãos relaxam conforme a luz penetra em cada célula, renovando e revitalizando conforme passa. Você pode sentir uma sensação de formigamento na mão direita ou esquerda – dependendo de qual seja sua mão mais forte – o que simplesmente mostra o quanto está ainda mais relaxando. Seus glúteos, quadril e órgãos genitais relaxam tão logo a luz passa por eles percorrendo todo o seu corpo. Talvez sinta um peso maior em suas coxas, joelhos e panturrilhas conforme relaxa ainda mais.

Nesse lugar confortável de segurança, de repente, você vê um lindo anjo à sua esquerda, que segura um laser *de luz. Observe a presença de amor incondicional do anjo e permita-se ser banhado no brilho dourado da aceitação.*

Agora, imagine algumas pessoas paradas ali do outro lado da ponte, em uma área circular cercada de árvores. São todas pessoas que você conhece nesta vida que têm ligação emocional com você. Talvez veja pessoas ali de quem não se lembrava há anos.

Observe uma pessoa que vem em sua direção cruzando a ponte e vá ao seu encontro... no centro de sua clareira. Quem é essa pessoa? Note que ela está um pouco diferente do que se lembra porque é o eu superior da pessoa, vestida com uma linda túnica esvoaçante.

De repente, você sente um cordão ligando essa pessoa ao seu corpo. Onde esse cordão se prende em você? (pausa)... Onde a corda se prende no corpo da outra pessoas?... (pausa) Ouça essa pessoa lhe pedindo perdão por qualquer coisa que ele ou ela tenha feito a você, algo que fosse ou não de seu conhecimento, nesta vida ou em qualquer outra. Enquanto sente que a vida que essa pessoa viveu não foi fácil, você compreende agora por que ele ou ela se comportou daquela maneira? Você consegue se sentir aliviado?

Agora é sua vez de pedir-lhe perdão por qualquer coisa que fez, algo de seu conhecimento ou não, nesta vida ou em qualquer outra.

Quando ambos tiverem chegado a um acordo, peça ao anjo que retire o cordão com o laser *de luz. Inspire profundamente, segure a respiração... prepare-se para soltar... a respiração... enquanto diz a palavra "Agora!" em voz alta quando... estiver pronto (pausa).*

Ao mesmo tempo que o laser *elimina o cordão, respire e perceba as sensações de libertação e empoderamento. Obseve o cordão se transformar em pura luz e ser reabsorvido tanto por si como pela outra pessoa.*

Sinta como está mais forte agora. Observe a outra pessoa sorrir para você com gratidão e sinta essa altivez. Observe enquanto ele ou ela deixa a clareira, voltando pela ponte como que saltando com alegria e desaparecendo floresta adentro.

Você notará um grupo de pessoas vindo em sua direção do outro lado da ponte, sorrindo com alegria diante da perspectiva da liberdade que se aproxima. Conforme se juntam na... clareira diante de você, o caminho se abre para novas e infinitas possibilidades para o futuro.

Observe os cordões ligando você ao grupo e o grupo a você. Talvez veja uma série de cordas anexadas a diferentes partes de seu corpo. Essas cordas são grossas ou finas?

Ouça todas essas pessoas pedindo-lhe perdão por qualquer coisa que tenham feito a você, coisas de que tinha conhecimento ou não, nesta vida ou em qualquer outra. Ao mesmo tempo que sente que suas vidas não foram fáceis, você... entende agora... por que elas se comportaram de tal maneira? Você consegue... sentir-se aliviado com esse conhecimento...? É chegada a hora de pedir o perdão delas por qualquer coisa que tenha feito, de seu conhecimento ou não, nesta vida ou em qualquer outra.

> *Quando chegarem a um acordo, peça ao anjo que retire as cordas com o laser de luz. Inspire profundamente, segure a respiração e... prepare-se para soltar... a respiração... enquanto diz a palavra "Agora!" em voz alta quando... estiver pronto (pausa).*
>
> *Enquanto o* laser *elimina o cordão, inspire profundamente... perceba a sensação de libertação e empoderamento. Veja as cordas se transformarem em pura luz de felicidade e serem reabsorvidas tanto por você quanto pelas outras pessoas, para o centro de seus corações.*
>
> *Sinta como está mais forte agora. Observe todos sorrirem para você com gratidão e com sensação de altivez. Veja enquanto deixam a clareira e retornam pela ponte de modo saltitante em seu caminhar. Eles estão rindo, acenando e conversando enquanto desaparecem floresta adentro.*
>
> *O anjo deixa o* laser *de luz e o abraça. Sinta a aprovação e o amor incondicional do anjo, inspire profundamente e perceba uma nova sensação de leveza em seu corpo.*
>
> *Esse é uma sensibilidade que você sabe que o faz aceitar e perdoar os outros. Você sabe que perdoa e aceita a si de maneira completa e total agora.*

Predicados dos Sistemas Representacionais

Visual	Auditivo	Sinestésico	Auditivo-digital
Ampliar	Anunciar	Acariciar	Analisar
Brilhante	Articular	Acolhedor	Avaliar
Colorido	Audível	Acompanhar	Compreender
Considerar	Barulho	Afagar	Considerar
Descrever	Compor músicas	Agarrar	Convincente
Enxergar	Contar	Cheiro	Dar sentido a
Evidente	Conversar	Compreender	Decidir
Examinar	Declarar	Comunicar	Descobrir
Exibido	Dialogar	Entrar em contato	Entender
Foco	Em sintonia com	Escovar	Equilíbrio
Iluminar	Entonar	Esquentado	Estar ciente de
Imaginar	Escutar	Experimentar	Estudar
Lúcido	Falar	Explorar	Examinar
Luz	Harmonia	Fazer contato	Informado
Notar	Ouvir	Fazer-se entender	Julgar

Olhar	Quieto	Inspirar	Lembrar-se
Olhar apurado	Ressonante	Macio	Lógica
Olhar de relance	Ruidoso	Pegajoso	Pensar
Ponto de vista	Ser todo ouvidos	Pegar o jeito de	Planejar
Revelar	Silencioso	Pressentimento/ sensação estranha	Processar
Simbólico	Sincero	Querer verificar	Questionar
Ver	Sintonizar /desligar	Segurar firme	
Visível	Suave	Sentido	Recordar
Visualizar	Surdo	Sentir	Saber
Vívido	Verbalizar	Ternura	Selecionar

Leituras Adicionais

Ball, Pamela. *10,000 Dreams Interpreted*. New York: Gramercy, 2000.

Bandler, Richard. *Using Your Brain – for a Change*. Boulder, CO: Real People Press, 1985.

Birdwhistle, Raymond. *Kinetics and Context*. Philadelphia: University of Pennsylvania Press, 1970.

Buffett, Mary, and David Clark. *Buffettology*. New York: Scribner, 1999.

Burroughs, Stanley. *The Master Cleanser*. Reno, NV: Burroughs Books, 1993.

Byrne, Rhonda. *The Secret*. New York: Atria Books/Beyond Words, 2006.

Chamberlain, David. *Babies Remember* Birth. New York: Ballantine, 1989.

Chopra, Deepak. *Perfect Health*. New York: Harmony, 1991.

_____. *Quantum Healing*. New York: Bantam, 1989.

Clark, Hulda Regehr. *The Cure for All Diseases*. San Diego: Pro Perkins, 1995.

Covey, Stephen. *The 7 Habits of Highly Effective People*. New York: Fireside, 1990.

Doulis, Alex. *Take Your Money and Run*. Toronto: Uphill Publishing, 1998.

Eker, T. Harv. *Secrets of the Millionaire Mind*. New York: HarperCollins, 2005.

Emoto, Masaru. *Love Thyself*. Carlsbad, CA: Hay House, 2004.

Hawkins, David. *Power vs. Force*. Carlsbad, CA: Hay House, 2002.

Hay, Louise. *You Can Heal Your Life*. Santa Monica, CA: Hay House, 1987.

Hill, Napoleon. *Napoleon Hill's Keys to Success*. New York: Dutton, 1994.

_____. *Think and Grow Rich*. San Diego: Aventine Press, rev. ed., 2004.

Isles, Greg. *The Footprints of God*. New York: Pocket Star, 2004.

James, Tad. *The Secret of Creating Your Future*. Honolulu: Profit-Ability Group, 1989.

Kiyosaki, Robert T. *Rich Dad's Retire Young, Retire Rich*. New York: Warner, 2002.

_____. *Rich Dad. Poor Dad*. New York: Warner Business, 2000.

Labay, Mary Lee, and Kevin Hogan. *Through the Open Door: Secrets of Self-Hypnosis*. Gretna, LA: Pelican, 2000.

Lewis, Byron, and Frank Pucelik. *Magic of NLP Demystified*. Portland, OR: Metamorphous Press, 1990.

Lundahl, Craig R., and Harold A. Widdison. *The Eternal Journey*. New York: Warner Books, 1997.

McTaggart, Lynne. *The Field*. New York: HarperCollins, 2002.

Murphy, Joseph. *Your Infinite Power to Be Rich*. New York: Prentice-Hall, 1968.

Orman, Suze. *The Laws of Money, the Lessons of Life*. New York: Free Press, 2005.

Roberts, Ken. *A Rich Man's Secret*. St. Paul, MN: Llewellyn Publications, 1995.

Sobel, Milo. *The 12-Hour MBA Program*. Englewood Cliffs, NJ: Prentice-Hall, 1994.

Ty, Brother. *God Is My Broker*. New York: Fireside, 1995.

Urban, Hal. *Positive Words, Powerful Results*. New York: Fireside, 2004.

Vernay, Thomas, and John Kelly. *The Secret Life of the Unborn Child*. New York: Summit, 1981.

Whitney, Russ. *Building Wealth*. New York: Fireside, 1995.